中学生が哲学・対話するキャリア教育

1つの問いについてとことん考える3年間

杉並区立中学校校長
赤荻千恵子 著

G学事出版

まえがき

　本書は、2012 年 4 月～ 2017 年 3 月まで、東京都の杉並区立井荻中学校で取り組んだ「中学生が哲学・対話するキャリア教育」の実践の中から、2014 年～ 2017 年の取組みを中心にまとめたものです。

　本書では、中学生が自分の言葉で問いについて深く考え、自身の体験や考えを表現できること、また、その問いを共に共有し、批評し合う「対話」を楽しむことでさらに考えを磨いていくことを、"哲学する"こととらえています。中学生がその行為を通して、相手の考えを受け取ったり、自分の思いを受け止められたりする中で、自己理解や他者理解が進み、自他を肯定的にとらえることが、ものの見方や判断の根底にもてたなら、どんなに生きやすくなるだろうと考えたことが本実践のきっかけです。自分の思いと違う現実に直面したとき、人のせいにしたり、悲観したりしないで、その位置から新しい自分のストーリーを作っていく勇気と誠実さを手に入れることが、人生を切り拓くために必要だと考えました。

　そこで、「可能性の未来に向かって自ら考え、多様な『対話』を通して自己の在り方・生き方を問い続けること。意思をもって選択し、人生を切り拓こうとすること」を本校のキャリア教育の根幹に位置づけ、3 年間のカリキュラムを組みました。端的に言えば、「在り方・生き方教育」を意識した学習過程です。

　第 1 章では、中学生が「哲学・対話」することで、よりよい生き方・在り方を求めるキャリア教育の考え方を述べました。第 2 章では、それを実践するための仕組みや仕掛けを具体的に紹介します。特に、「対話」に焦点を当て、安心して語り合い、質の高い対話を行う意義や方法を提案します。第 3 章では、目指す人間像として定めた「ほんものの私になる」に関連する取組みについて、第 4 章では、生徒の考えの変容と成長の様子を、個別のポートフォリオで示します。最後に第 5 章では、成果を振り返り、関わった教員たちの座談会や取り組む上で参考になるような Q ＆ A コーナーも設けました。

　本書は、全校での取組みが中心ですが、どのような単位でも実践できるように記述することに心掛けました。各クラスで、各教科の授業等で、生徒が主体的に考え、語り合い学ぶ教育活動に、本実践をご活用いただければ、大変うれしく存じます。

中学生が哲学・対話するキャリア教育
―1つの問いについてとことん考える3年間―
目次

まえがき ……………………………………………………………… 3

序章 卒業生が語る「ほんものの私になる」といまの自分

・結城怜太さん（大学1年生） ………………………………………… 8
・新井風花さん（高校2年生） ………………………………………… 12

第1章 中学生が哲学・対話するキャリア教育とは？

・本校のキャリア教育が目指したもの ……………………………… 18
・なぜ、「ほんものの私になる」というテーマにしたのか？ ………… 22

第2章 哲学・対話するキャリア教育の仕組みと仕掛け

・なぜ、中学生に「対話」が必要なのか？ ………………………… 30
・いつ、どこで、だれと対話するのか？ …………………………… 34
・どのように対話するのか？ ………………………………………… 38
・教科での取組み ……………………………………………………… 42
・キャリア教育を補強する「読後交流会」 ………………………… 48

コラム① 「ほんものの私になる」のある学校風景 ………………………… 16
コラム② ゲスト講師からのメッセージ ……………………………………… 28
コラム③ 「語る会」前日の雰囲気 …………………………………………… 82
コラム④ 保護者や地域も参加した合同討論会 ………………………… 108
コラム⑤ 学年による違い～アンケート結果から～ …………………… 110

第3章 「ほんものの私になる」に関連する取組み

- 「立春式」 ………………………………………………………… 56
  - ★生徒作文 「『大人になる』とはどういうことか」
    「どんな大人になりたいか」 …………………………………… 60
- 「『ほんものの私になる』について語る会」 …………………… 64
  - ★生徒発言 「『ほんものの私になる』とはどういうことか」
    「『ほんものの私になる』について語る会」に参加して ……… 72
- 「私の提言」（在校生へのメッセージ） …………………………… 74
  - ★生徒作文 「私の提言」……………………………………………… 78

第4章 ポートフォリオに見る生徒の変化

- ポートフォリオとは ……………………………………………… 84
  - ★ポートフォリオ① 自信への気づき ……………………………… 88
  - ★ポートフォリオ② 自分を受け入れる …………………………… 92
  - ★ポートフォリオ③ 自分と向き合う ……………………………… 96
  - ★ポートフォリオ④ 他者を受け入れる …………………………… 100
  - ★ポートフォリオ⑤ 自己有用感の獲得 …………………………… 104

第5章 哲学・対話するキャリア教育の成果と課題

- 「ほんものの私になる」を掲げたキャリア教育の成果 …………… 112
- 哲学・対話するキャリア教育実践上のQ&A …………………… 118

〈教員座談会〉
「哲学・対話するキャリア教育」に携わった教員たちによる座談会 ……… 120

あとがき ……………………………………………………………… 126

序 章

「ほんものの私になる」
といまの自分

「ほんものの私になる」か
自由な時間をどう有意義な

大学1年生（ドイツ語専攻）
結城怜太さん

小学校の授業でドイツに興味をもった結城さん。「ドイツに住む友だちとドイツ語で会話がしたい」という一心で高校では語学に打ち込み、念願の大学合格を果たしました。さまざまな誘惑がある中で、結城さんを支えたのは「ほんものの私になる」でした。

**ドイツ語に興味を
もつようになった経緯**

― 春に大学1年生になった結城さん。どんな生活をされていますか？

結城：都内の大学のドイツ語圏文化学科というところでドイツ語を学んでいます。ドイツ語圏文化学科という名前だけあって、スイスやオーストリア、イタリア、フランスなど周辺国の文化や経済、歴史や移民問題などを広く勉強しています。

― ドイツに興味をもったきっかけは。

結城：小学5年生のときに総合の時間で海外の国を調べようというのがあって、たまたまドイツを選んだんです。それで調べていたら面白い国だなと思って。その後、中学生になってサッカーの遠征でドイツに行く機会があって、さらに興味が湧いてきました。

― 当時、ドイツ語は話せましたか？

結城：中学生のときは全くわからなかったので、英語で話しました。でも、ドイツ語ができなければ意思疎通できないんだということを痛感しました。

**中学時代に取り組んだ
「ほんものの私になる」作文について**

― 中学時代に「ほんものの私になる」というテーマを出されて、どんな印象を受けましたか？

結城：それまで全く考えたこともなかったテーマでしたし、中1のときは難しかったですね。中2までは毎日サッカーに夢中だったので、「ほんものの私になる」についてそんなに深く考えたことはありませんでした。中3になって志望校を決めるときに将来はドイツで働けたらいいなと思うようになって、

どうかは、時間に変えられるかだと思います。

卒業生インタビュー ①

ようやく少しずつ考え始めるようになりました。

ドイツ語に捧げた高校時代

— それで高校時代はドイツ語を。

結城：よくあんなに勉強していたと思うくらい勉強しました。ドイツにいる友だちとドイツ語で会話がしたいという一心でした。でも、言語を一から勉強するとなると、それなりに覚悟と時間が必要だし、基本は一人で勉強するので、当時は結構つらかったですね。

— 1か月、留学もしたそうですね。

結城：はい。高校2年のときにドイツの外務省と文部科学省のプログラムに参加しました。全世界から高校生が参加していて、多くの友だちができました。そのときに、これだけたくさんの国や言語があるなかで日本語と英語だけ話せても全く意思疎通できないんだということを痛感して。でも、ホームステイをしていて、一切、日本語を話す機会がなくて、孤独を感じる時間も多かったんです。そんなとき、「ほんものの私になる」について考えていましたね。

— その帰国後に書いた「中学生への手紙」には、「7、8ヵ国語を話せるようになりたい」とありますが。

結城：このときはリトアニア語とチェコ語を勉強していました。リトアニア語の参考書は日本ではほとんど出ていなくて、英語かドイツ語ができないとリトアニア語の勉強は難しいんです。

— それでも勉強したいと思ったのはなぜですか？

結城：調べてみたら、リトアニア語は現在使われているインド・ヨーロッパ語族の中で最も古い言語だったんです。これからいろんな言語を学ぶつもりでいるので、根幹の言語を学んでおくといいかなと思って。もちろん、リトアニアに行って現地の言葉で話したいという気持ちもあります。勉強するときは一人なので本当に孤独ですが…。

膨大な「自由時間」をどう使うか

— メッセージの中に「自分の好きな事、やりたい事をやり続けるのは簡単そうに見えて実はとても難しい。なぜなら『自由』だから」というような文章がありますね。なぜ、自由だと継続することが難しいのでしょうか？

結城：僕が通っていた高校はとても自

「ほんと多かった、作文」と笑う結城さん。しかし、いまではやってよかったと思う、と振り返る。

●結城怜太さんの中学3年生当時の作文

　僕は今、すごく努力をすると決めていることがある。ドイツ語だ。僕の今の目標は、世界の最先端をいく銀行や金融関係の企業に勤めることだ。（中略）

　まずは言葉の大きな壁を吹き飛ばすしかないので、本当に死ぬほど努力する。まずはそれをどうにかしないと、目標が夢となってしまう。あくまで僕には夢はなく、あるのは目標だから、どうにか達成できるよう努力する。（中略）

体育祭のリレーでゴールした瞬間。「努力し続ける」ことが「ほんものの私になる」ことだと考えていたころ。

　「ほんものの私になる」。ほんものの僕はドイツにいる。それを見つけるまで努力をし続ける。

●高校2年生のときに在校生に向けたメッセージ

　僕の名前は結城怜太です。2年前にこの中学校を卒業しました。僕は今、高校でドイツ語を学んでいます。（中略）学年にドイツ語履修者は130人ほどいますが、誰よりも勉強しています。（中略）まだ英語とドイツ語しか旅行で困らない程度のレベルですが、将来は7、8ヵ国語を話せるようになりたいです。（中略）

　ドイツ語を学び始めてから約1年半、様々な課題があり、悩む事もありました。自分の好きな事、やりたい事をやり続けるのは簡単そうに見えて実はとても難しいものです。なぜなら「自由」だからです。一人ひとり自分で自分の事を決める自由があるからこそ、「ほんものの私になる」という言葉が成り立つのだと思います。中学生のうちから自分の宝物を探してみてください。粘り強く何事にも挑戦し続ければ突然、自分の道が見つかると思います。案外くだらないことがきっかけになったりします。僕はこれからも楽しみ、頑張りながら「ほんものの私」を目指します。

卒業生インタビュー

由で、校則がほとんどなかったんです。そういう自由な環境では、時間の使い方も自分次第で。夜、家で時間があったら、ゲームをするのもネットを見るのも自由、外国語の勉強を頑張るのも自由。でも、多くの人は楽なほうに流れます。やるのもやらないのも自分自身で決められるからこそ、勉強を継続するのはとても難しいんだなと思いました。

— そんな自由な環境で、結城さんは外国語の勉強を選び、継続したのですね。

結城：大学に入ると、時間割も自由に組めます。1日休みの日を作る人もいれば満遍なく授業を入れる人もいて。勉強の量もそういうところで決まってくるのだと。「ほんものの私になる」かどうかは、自由な時間をどう有意義な時間に変えられるかだと僕は思います。

— 自由な時間の使い方、つまり自分の人生の使い方次第ということですね。

結城：今の大学には、ドイツ語界で有名な教授もいて、あらためてすごい環境にいるんだなと思います。これから4年間、そういう先生の下で勉強して、いろんなものを吸収できればいいなと。そうしたら、それこそ「ほんもの」に近づけるのではないかと思います。

作文と読書が視野を広げてくれた

— 結城さんがそのような前向きな考え方になったのは、中学時代に「ほんものの私になる」との出会いがあったからでしょうか？

結城：もちろん、その影響はあると思います。それと、中学生のときに読後交流会（※）のために山ほど読書をさせられたことも大きかったと思います。当時は、読書も作文も面倒くさかったのですが、いま思うと、確実に自分の視野を広げてくれたと思います。

— いまにつながっているのですね。

結城：いま振り返ると「ほんものの私」は素晴らしい取組みだったんだなと（笑）。特に中学生のころは多感なので、大きく変われる可能性があります。早ければ早いほどよいと思います。

著者とも久しぶりに再会

（※）読後交流会…杉並区立井荻中学校で、キャリア教育と並行して取り組まれていた活動の1つ。全校生徒が同じ本を読み込み、いくつかの論点について全校集会で意見を交わし合う。詳しくは本書の第2章および赤荻千恵子編著『白熱！「中学読書プロジェクト」』（学事出版）参照。

授業中に友人たちと意見を

高校2年生（ダンス部所属）
新井風花さん

当初は自分の意見に自信があった新井さん。しかし、3年生のとき、予想外の出来事から「ほんものの私」のとらえ方がガラリと変わる体験をします。中学時代の同級生と国語科担当だった福田先生も同席し、当時の自分自身の変化や思いについて振り返ります。

現在の生活に生きている作文

——いま、高校2年生の新井さん。どんな生活を過ごしていますか？

新井：部員が60人いるダンス部に所属して、2年のキャプテンをしています。音楽が好きなので、部活がない日はアルバイトをして、貯めたお金でライブに行くのも楽しみです。

——充実した高校生活ですね。中学時代、「ほんものの私になる」に取り組んでいまに生きていることはありますか？

新井：中学生のとき、作文で「真逆の考えをもつ人や、正反対の人と会って話したい」と書いていたのですが、実際にいま信頼している人は、自分と真逆の考え方をもつ人です。何か相談するときは、ただ賛同してくれるだけの人よりもしっかり反論してくれる人に相談したいと思うようになりました。

自分の思い込みが、目の前で覆されるという体験

——なぜ、反論してくれる人に相談しようと思うようになったのですか？

新井：もともとは、「自分の意見が正しい」と思い込むほうだったんです。だから、「ほんものの私になるについて語る会」で3年生の代表になったときも、みんな私の意見に納得するだろうって自信があったんです。でも、当日、意見を述べたら、予想外に反論が多くて…。1、2年生が、元気に手を挙げて「違うと思います」とか言って。7～8割が反対意見だった気がします。

友人：あのあと、すごい怒ってたよね。

新井：下級生が急に反論してきて、まじー!? と、正直びっくりしました（笑）。でも、そのあと思ったんです。反論している人たちも、私の意見を聞いて反対だと思っている。お互いに影響を与

言い合っていた中学時代がいとおしくなることがあります。

卒業生インタビュー ②

えることができたんだなって。「ほんものの私」は人と関わることで見えてくるのだと思います。ここにいる友人とも、当時は結構反論し合いました。

友人：私は新井さんとは正反対で、人から反論されたりすると落ち込むタイプでなんです。でも、新井さんと出会い、意見を言い合えるような関係ができたおかげで、積極的に自分の意見を人に伝えられるようになりました。信頼関係ができているからこそ、異なる意見も認め合えるのだと思います。

中学時代の授業といまの授業

— 「反論ができる関係」「異なる意見も認め合える関係」って素敵ですね。行事以外でも討論するような場面はあったのですか？

新井：国語の授業でも、一つの論点について討論する時間がありました。文章に線を引いたりしながら、自分が思うことをどんどん発表して。正解はないからみんなで一生懸命考えていました。あるときは、だれかが意見を言った後に、時間がなくてそこで終わっちゃったんです。でも、どうしても自分の意見を言いたくて、授業のあとにその子のところに行ったりもしました（笑）。でも、高校に入ったら、「正解はここですね。では、それはどこからわかりますか？」というような問いばかりで、正解をただ探して文章を抜粋することが求められるんです。授業中に友人たちと意見を言い合っていた中学時代がいとおしくなることがあります。

3年間、作文を書き続けた中で変化したこと

— はじめて「ほんものの私とは何か？」という問いと出会ったときは、どんな風に考えていましたか。

新井：「ほんものの私になる」を最初に見たとき、「自分はうそものじゃないし、いまの私がほんものだよね」みたいな話を友人とした記憶があります。2年生のころになると、「ほんものの私＝理想の自分」だと考えるようになりました。だから、「うそをつく自分なんてほんものではない」と作文に書きました。

友人の話に耳を傾ける新井さん。「当時は反論し合ったのも、信頼関係ができていたからこそ」。

●新井風花さんの中学3年生当時の作文

　(中略) 人と関わる時、自らの考えに目を向けるようにしてみた。すると、ずっと目をそらしてきていたであろう自分の嫌な所が見えてくるのだ。それはうそをついた時。これが一番、自分の汚い部分が見えてくるのではないかと思う。少しでもよく見せたい、そんな強がりな思いが自分にはあった。それは自分では自分の嫌な所、汚い部分で、できれば目をそむけたいものだ。しかし、それこそが素直なありのままの私なのだ。どんなに自分を作り、理想を取り繕っても根底にあるものこそがありのままの私なのだ。

　「ほんものの私」になるためには、自分と向き合う、と考えている人は多くいると思う。しかし、私は、ずっと一人で考えていても、部屋にこもっていてもだめだと思う。まず、人と関わっていかないと、見えるものも見えないままだ。人と関わることで、相手のことだけでなく自分のことも見えてくるのではないだろうか。

　だから私は、これからもたくさんの人と関わっていきたい。自分とは考え方が真逆な人、自分とは合いそうもない人、どんな人がどんな自分を引き出してくれるか分からない。逆に、自分が引き出してあげられるかもしれない。

●卒業直前に書いた「私の提言」

　今、私の中の「ほんものの私」が考えている将来像は、「夢がしっかりとある自分」「理由もないまま大学には行かない」など、いくつもある。しかし、高校の3年間で、まだ見えていない「ほんもの」がまだまだ見付かるはずだ。そこで見付けた自分がどう考えるか、まだ私にも分からない。新しい出会いが私をどう豊かにしてくれるか、高校生活が楽しみだ。

当時、月1回のペースで行われていた「地域のみんなで読書会」に参加(左が新井さん、右が友人の朝日向さん)

卒業生インタビュー ②

― それが、3年生では「自分の嫌な所、汚い部分こそが、素直なありのままの私」と書いています。この変化の背景には何があったのでしょうか。

新井：学年が上がり、部活に後輩が入ってきて、意外と後輩に強く言えない自分に気づいたり、クラス替えでいろんな人や先生と関わって、知らない自分が見えてきたりして、「いま見えている自分だけが自分ではない」という仮定にたどりつきました。そして、うそをつく自分も素直に認めた上で、「うそをついている自分に気づいていることがほんもの」だと。そのころ、どこかで何かうそをついたんだと思います(笑)。また、最近になって気づいたこともあって。「ほんものの自分」だと思っていた自分が、無意識に作っていた自分だったりすることもあるんです。

― 深いですね。マトリョーシカみたいに幾重にも「私」がある感じですね。

友人：「ほんものの私になる」という言葉は、「なる」という動詞で終わっています。つまり、いつまでも「ほんものの私」を追い求め、考え続けること。それが、一番重要なんだと思います。

新井：そうそう。「ほんものの私になる」ということは、いつだって現在進行形なんだよね。

自分の言葉で「書く」ことの重要性

― 作文を何度も書くことの意義については、どう考えていますか？

新井：普段、考えていてもわざわざ言葉に出さないことって山ほどあります。でも、人に意見を伝えるためには言葉にしなければいけない。作文にして読むことで自分の考えが客観的に見えてきて、そこから派生してまた新しい考えが広がっていくんです。

― 新しい考えが広がって、また人に伝えたくなると。

新井：そうです。高校生になって、夜に一人で考える時間が増えました。一人で考えると、余計にいろんな人に意見を求めたくなるんです。それで、次の日学校に行って、「私はこう思うんだけど、どう思う？」って友だちに意見を聞いてみたりしています。

左が新井さん。恩師の福田先生、著者、友人と

コラム①

「ほんものの私になる」のある学校風景

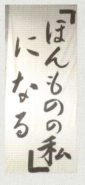

- 実践当時、本校の目指す人間像「ほんものの私になる」を縦3メートル×横1メートルの布に、毛筆で大きく書いて、正面玄関に常に掲示していました（写真左）。
- 哲学・対話するキャリア教育に取り組んで3年目、生徒会役員会のスローガンが「REAL ～井荻革命～」と決まりました。役員は「これは『ほんものの私になる』の生徒会バージョンです。生徒会として『ほんものの私になる』を具体的に行動に移していきたいという僕らの覚悟を込めました」と語っていました（写真下）。

平成27・28年度役員会スローガン

REAL ～井荻革命～

・「REAL」は井荻中学校の目標である「ほんものの私になる」からとりました。

また、「井荻革命」にはよりよい井荻中をつくるという役員の意思が表れています。

REAL
- Respect …生徒一人一人の意見を尊重する・・・役員会
- Enjoy …楽しくいじめのない学校へ・・・放送委員会・図書編集委員会
- Action …自主的に行動を起こす・・・各学級委員会・生活委員会
- Light …光り輝く美しい学校づくり・・・美化委員会・保健給食委員会

第 **1** 章

中学生が哲学・対話する キャリア教育とは？

第1章　中学生が哲学・対話するキャリア教育とは？

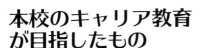

本校のキャリア教育が目指したもの

● 取組みの背景
● 生徒にもっとも伝えたかったこと
● キャリア教育の環境と仕組みづくり
● 学習指導要領等との関連

　本取組みは、多様な対話や振り返りを取り入れた実践を通して、中学生が「自分自身と向き合い、自分の考えを形成することで、自己理解と自己肯定感を高める」ことおよび「よりよい人生を切り開こうと考え続けることで、学ぶ意欲の向上につながる」ことを目指して、学校全体でキャリア教育に取り組んだものです。

　具体的には、中学生が中学校の3年間テーマとなる言葉について保護者・地域・教職員と一緒に考え続け、意見交流などの「対話」を繰り返すことで、一人ひとりが自分と向き合いよりよく生きることを求め続ける(=哲学する)姿勢を獲得するキャリア教育の一連の実践です。

取組みの背景
～自己肯定感が低い・自分自身と向き合う機会が少ない中学生～

　日本の子どもは自己肯定感が低いと言われて久しくなります。穏やかに生活しているように見えて、自己を肯定的にとらえていないため、どこかに不安や焦燥を抱えています。また中学生は、外見からはわかりませんが、青年前期の「自分の将来はどうなるのだろう」という漠然とした不安や、「自分はどう生きるべきか」という簡単には答えをみつけられない問いを抱えています。

　そういう視点で日々生徒を観察していると、自分の考えを率直に伝えるこ

とに臆病だったり、他者からどう見られているかを気にして深く関わることを避けたりする様子がみえます。例えば、相手の言葉に深く傷ついても、それを相手に伝えず、自分の中のわだかまりが増えるといった具合です。自分の考えを口に出して言い合ったりしないから、自分の考えをブラッシュ・アップ（またはアップデート）する機会も失っていることがもったいないと思いました。

生徒にもっとも伝えたかったこと
～自分を認め、他者を受け止めることをあきらめないでほしい～

そこで私は、生徒たちに人とつながる心地よさや安心感に気づかせたいと思うようになりました。自分の考えをもち、多様な他者との対話や関わりの中で互いを確かめ合い、自分と向き合い、「よりよく生きる」ことを問い続けることで、人生を前向きに納得しながら生き抜いてほしいと強く考えるようになりました。新しい自分に出会い、世界を積極的に広げていきながら思索する経験を積むことで、自分自身で励ましながらアップデートし、更なる高みを目指そうとする心のスイッチを生徒一人ひとりの中に作ってほしいと考えました。

その手段としては、人と率直に「対話」をし、建設的に「討論」をする経験が効果的ではないかと考えました。

そこで、朝礼のときに、生徒たちに「自分と違う意見に出会ったとき、自分を全否定されたと思い込んで心を閉ざしてしまえば何も始まらない。『へえ。そのことは私は知らなかったな。詳しく話してみて』と相手に言えるだけの自分に対する自信と謙虚さを。そして『私はこう思うんだけど、どうかな。』と言えるだけの率直さと向上心を。また、話を聞く側は、相手の話に真面目に耳を傾ける誠実さをもちなさい」と繰り返し語りかけました。

生徒は、興味深く話を聞きうなずくのですが、それを行動に移すことはそう簡単にはできませんでした。率直な対話や建設的な討論ができるような安全な場所は自然発生的にはできませんし、だれもみな安定した気持ちのときばかりではないので、自主的に自分を振り返り、よりよい自分を追求しよう

とする前向きな気持ちを継続することも難しい様子でした。

キャリア教育の環境と仕組みづくり

そこで、中学生が安心して人との対話を継続することができる環境・仕組みを作るべく、「可能性の未来に向かって自ら考え、多様な『対話』を通して自己の在り方・生き方を問い続けること。意思をもって選択し、人生を切り開こうとすること」を本校のキャリア教育の根幹に位置づけ、3年間のカリキュラムを構成しました。

端的に言えば、職業体験学習を中心とする体験学習や進路学習だけでなく、その基盤となる「在り方・生き方教育」を意識した学習過程です。「キャリア（在り方・生き方）」と「対話」の視点で全ての教育活動を見直し、取り組んでいきました。

詳しくは、次の頁から順を追って説明していきます。

学習指導要領等との関連

中央教育審議会答申（註1）では、キャリア教育について、「子供たちが将来、社会の中で自分の役割を果たし、自分らしい生き方を実現するための力を身に付けるべく日々の教育活動を展開することこそがキャリア教育」と述べられ、生き方教育の一環としてのとらえ方もされています。また、「キャリア教育が目指すもの」の目的の一つに、「学ぶことや働くこと、生きることの尊さを実感させ、学ぶ意欲を向上させる」（註2）ことを挙げています。

また、中学校におけるキャリア教育の目標には、「肯定的自己理解と自己有用感の獲得」「興味・関心等に基づく勤労観・職業観の形成」「進路計画の立案と暫定的選択」「生き方や進路に関する現実的探索」（註3）があります。その中から、「肯定的自己理解と自己有用感の獲得」にも焦点を当ててみたいと考えました。また、小学校の目標「自己及び他者への積極的関心の形成・発展」（註4）を受け、高等学校の目標「自己理解の深化と自己受容」（註5）

につながる指導となるよう心掛けました。

　そして、教育活動を「キャリア」と「対話」の視点でつなぐために、各教科はもとより、総合的な学習の時間・特別活動・道徳を横断的・総合的に関連させることにしました。

　各教科・領域におけるキャリア教育の関連性は次の通りです。

（1）総合的な学習の時間

　中学校学習指導要領「総合的な学習の時間編」の「目標」にある「横断的・総合的な学習を行うことを通して、よりよく課題を解決し、生き方を考えていくための資質・能力を育成することを目指す」と関連します。

（2）特別活動

　「学級活動の内容」の中にある「一人一人のキャリア形成と自己実現」の「自らの生活を振り返り、自己の目標を定め、粘り強くよりよい生活態度を身に付ける」と関連します。

（3）道徳

　「自己を見つめ、物事を広い視野から多面的・多角的に考え、人間としての生き方についての考えを深める」の目標と関連します。また、「自己や社会の未来に夢や希望がもてるように」指導することとありますので、本校の取組みと合致していると考えています。

註1　中央教育審議会「今後の学校におけるキャリア教育・職業教育の在り方について（答申）」平成23年1月

註2　「キャリア教育って結局何なんだ？」国立教育政策研究所　平成21年11月

註3　『中学校キャリア教育の手引き』文部科学省　平成23年5月

註4　『小学校キャリア教育の手引き〈改訂版〉』文部科学省　平成23年5月

註5　『高等学校キャリア教育の手引き』文部科学省　平成24年2月

第1章　中学生が哲学・対話するキャリア教育とは？

なぜ、「ほんものの私になる」というテーマにしたのか？
- テーマが必要な理由
- このテーマを選んだ過程
- 「ほんものの私になる」教育活動の概念図
- テーマへの生徒や大人の反応
- テーマで力点を置いたこと
- テーマを考える手がかりとして

　キャリア教育を進めていく上で、共通の標語（テーマ）として「ほんものの私になる」という「目指す人間像」を提示しました。このような一つのテーマがあることで、それぞれの教育活動がつながりをもち、生徒が主体的に学ぶ意欲につながります。ここでは、なぜテーマが必要なのか、そしてどのようにしてこのテーマを選んだのかについて述べます。

テーマが必要な理由

　「考えれば必ず答えが出る」小学校までの学習に慣れてきた生徒は、すぐに答えが出ないことを考え続けることに慣れていません。しかし、中学生という年代は、抽象的な言葉には大いに惹かれる年頃です。「よりよく生きるとはどういうことか」について、一人ひとりの生徒が継続して考えるためには、志向性を示す「標語（テーマ）」が必要です。また、全校でキャリア教育に取り組むにあたっては、意見を交わすときに前提となるような「考えの土台」が必要でした。悩み考え続けること、意見を発表することの意義を共通了解することは、対話の質も大きく高めます。

　そこで、全校で共有する考えの土台として、「よりよく生きる」を据え、共通の標語として「ほんものの私になる」という「目指す人間像」を提示しました。

なぜ、「ほんものの私になる」というテーマにしたのか？

　この「ほんものの私になる」というテーマはそれぞれの教育活動を関連づけ、キャリア教育として集約するための軸となる言葉となりました。

このテーマを選んだ過程

　テーマを決めるにあたって念頭に置いたのは、以下の３点です。

- 各人の成長に合わせてその言葉自体が成長し、多様な意味を与えられる言葉
- つまずいたときや苦しいことに直面したときに支えとなる、個人の生き方の軸となる言葉
- 立場や年齢等が違っても、真剣に考える者同士で共に語り合える、包容力の豊かな言葉

　「よりよく生きるために考える」指針となり、生徒の成長に合わせて言葉自身も変容していくに足るもの、つまり、生徒が考えることで深まり、共に

第1章　中学生が哲学・対話するキャリア教育とは？

育つ言葉であることを第一に考えました。

また、抽象度が高く「正解が一つではない問い」であるほど、生涯にわたって考え続けることができると考えました。

ちなみに、私自身が考える「ほんものの私」とは、生涯にわたってよりよい生き方を求めるために「多様な考え方や価値観に耳を傾け共に学び、生涯において学びを切り拓く人」や「多様な関わりの中で豊かな感性を育み、他者とともによりよく生きようとする人」と考えていますが、これが唯一の正解というわけではありません。

生徒には、最初は「ほんものの私になる」の言葉だけを投げかけました。ああでもない、こうでもないと自由に幅広く考えさせるためです。その過程において、生徒一人ひとりが主体的に考え続け、語り合い、高みを目指そうとするキャリア教育を展開しました。

「ほんものの私になる」教育活動の概念図

「ほんものの私になる」の教育活動を図で示すと、次のようになります。

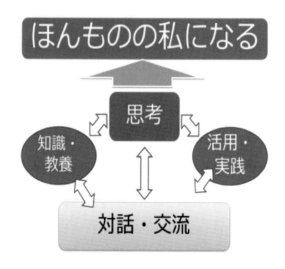

なぜ、「ほんものの私になる」というテーマにしたのか？

（1）「知識・教養」のため込みから「対話・交流」へ

　本校の生徒は読書（知識・教養）については、朝読書を通年で実施しているため量こそ多いものの、前述のように自分の考えを率直に話すことに慣れておらず、固定的な知識としてため込んでしまっていることが多くありました。そこで、自分の考えや意見を述べるための媒体として、「本」つまり「読書」を活用することを思いつきました。「読書」を媒介として全校で行う、読書交流会、ブックトーク等、対話・交流できる機会を設定しました。読んだ本の感想を述べることであれば、自分の発言の根拠も示しやすいため、生徒が自分の考えを安心して伝えることができるだろうと考えました。

（2）「対話・交流」を通じて「思考」し、「活用・実践」する循環

　同時に重視したのは、「自分と向き合って書くこと（思考）」です。これと「他者と語り合うこと（対話・交流）」に重点をおいて取り組むことで、得た知識や情報を比較・分析し、自分の経験や知識と比べ、考えを広げたり深めたりすること（活用・実践）ができるようになります。

　なお、ここでいう「他者」とは、級友や他学年の生徒だけでなく、全校生徒・保護者や地域の大人との交流も入ります。

テーマへの生徒や大人の反応

　1学期の初めに、「ほんものの私になる」を大きく毛筆で書き、正面玄関や生徒下駄箱に掲示しました。朝礼でも、毎回「ほんものの私になる」について校長から話し、学校便りや保護者会で繰り返し、その目指すところを説明しました。

　生徒や教職員は、「『ほんものの私になる』ってどういうことかわからない」と言いつつも、頭の隅で意識するようになっていきました。2か月程経つと、「抽象的すぎてわかりづらい。生徒に何を伝えればいいのだろうか」という一方、「インパクトのある言葉で、忘れがたい。いつも考えてしまう」という教職員の声も聞こえてきました。

　「よりよく生きるために考える―ほんものの私になる―」というテーマを

学校からの通信にも生徒のワークシートにもいつも書くことで、生徒や教職員、保護者や地域の方の意識化を図りました。来校者からも、大きな紙に書かれた「ほんものの私になる」の文字を見て、「驚いた。忘れられない」「その意味をずっと考えています」という感想をよくもらうようになりました。

テーマで力点を置いたこと

　生徒に提示するときに強調したことは、「ほんものの私」は、人から与えられるものではなく、自分で作り上げるものであること、完成するものではなく求め続けるものであることです。それを実現するための環境づくりとして、具体的には、次のような点に力点を置きました。

①生徒全員が課題をやり遂げること（自信を育て、達成感や意欲をもたせる機会の設定）
②書くことや読書等をもとに、自分の考えを発信し、他者と交流すること（読書に親しみ、新しい見方や考え方に気づき考えを広げたり深めたりする言語活動の場の設定）
③全校で共に対話し、学び合うこと（全校発表会や討論会を開催することで、異学年の発言や発表から学び合う機会の設定）
④「ほんもの」に出会うこと（生徒が生きる目標となるモデルをもつ助けとなるように、地域の大人や多様な専門性をもつゲストティーチャーを招いて、生徒とゲストが協働で言語活動を行う場の設定）

　このように、①「課題の達成」を前提としながら具体的な教育活動の中核には②「書くこと」③「対話」という学習活動を据えました。また、④の「ほんもの」と出会うことが、キャリア教育としての決め手であると考えています。これらについては、次頁以降、詳しく説明します。

なぜ、「ほんものの私になる」というテーマにしたのか？

テーマを考える手がかりとして

このような環境づくりを目指しながら、スタートしてから約半年後、「ほんものの私になる」を考えるときのヒントが必要ではないかという意見が挙がり、4つの視点を設定することにしました。「向上心」「誠実・率直・勤勉」「自分への信頼」「協働する」という4つの視点は、「ほんものの私になる」を提示した半年後に、教職員が「生徒に身につけてほしい力」について意見を述べ合い決めたものです。

そうして完成したのが、次に示す**図1-1**です。

図1-1 「ほんものの私になる」のイメージマップ

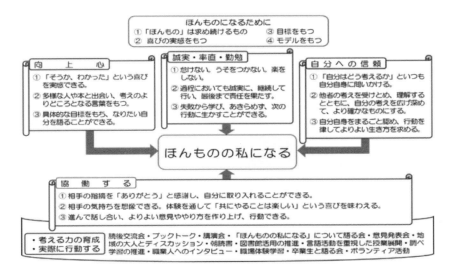

27

コラム②

ゲスト講師からのメッセージ

● 悲しいときは悲しいと思う「自分の心の声に耳を澄ます」ことで、自分にも他人にも嘘をつかない「心の力」を蓄えられる。
　　　　　　　　　　　　　　　　　　　　　　　　―湯本香樹実氏

● 「考える」とは、自分の中にある知識を結びつけること。また引きはがすこと。そうやって新しい結びつきを自分の中に作ること。
　　　　　　　　　　　　　　　　　　　　　　　　―金田一秀穂氏

● 想像力は、辛さや苦しさを味わうことで育つ。　　　―片岡しのぶ氏

● 人生は良いことも悪いこともある。たくさん迷っていい。自分もまだ迷っている。自分の道は探し続けるもの。　　　―井坂　聡氏

● 大人になったときに、部活や勉学で蓄えた自分の力を人のために役立てられる、自分の仕事で人が喜んでくれることは、最高の喜びだ。自分の力と自信とを育てて、他の人を幸せにするために使ってほしい。また、自分の弱さに対処するには、一つは、これを許さずに厳しく前に進む方法、もう一つは、自分のマイナスの声を聞いてみるという方法がある。自分の心に「なぜ？」と聞くと、怠けたい気持ちは「頑張りすぎてはよくない」と言うかもしれない。あるいは「他に方法があるんじゃないの？」「なぜ我慢しようと思うの？」と聞くと、怠けたい心が本当の気持ちを教えてくれるかもしれない。
　　　　　　　　　　　　　　　　　　　　　　　　―西　研氏

● 相互承認は、何もかも認めることではなく、とことん話し合うこと。自分の言っていることも、相手が言っていることも疑いながら、本当に正しいかどうかを常に問いかけていこう。相手の批判もするし、批判を受け入れる。どこまでなら、みんなが納得する答えを導き出せるかを問い合うことが大事。　　　　　　　　　―苫野一徳氏

● 欲望は、気づいたときにはもう自分の中にある。それ自体は仕方がない。でも、欲望には「可変性」、つまり、変えることができるという性質がある。とすれば、変える努力ができる。自分への信頼と忍耐とが必要だけれど…。　　　　　　　　　　　―山口裕也氏

第2章

哲学・対話する
キャリア教育の
仕組みと仕掛け

第2章　哲学・対話するキャリア教育の仕組みと仕掛け

なぜ、中学生に「対話」が必要なのか？
－中学生はみな哲学者－

- 中学生は真剣に話し合う場を求めている
- 「対話」することから得られること
- 「質の高い対話」にするためのポイント
- 価値を共有する空間を作る＝文化を創る
- 「世界との対話」が人生を支える糧になる

中学生は真剣に話し合う場を求めている

　中学生は、たとえ、外見からそうは見えなくても、「自分とは何者か」「何を目指して生きていけばよいのか」「よりよい人生を送るにはどうしたらよいのか」と、大いに悩むときです。同時にまた、抽象的なこと（例えば、正義・理想・真理など）を純粋に、真剣に考える年代です。その点から、中学生は哲学をすることに、最も適した年代だと言われることもあります。

　しかしその一方で、自分の考えが、自己満足ではなく他者からも理解される「客観性」があるのかどうか、つまり「論理的」であるかということを、彼らはとても重要視します。自分だけの思い込みでは満足したくないという気持ちが強く、心の底では、話し合いなどを通して、他者と共有できる世界像を再構築したいと願っています。

　しかし、多くの生徒は自分の考えを人に伝える勇気がもてなかったり、照れくさかったりして、親にも友人にも教師にも、自分の思いを伝えられないでいます。自分なりの「もやもや」の解決方法として、当たり障りのない会話で相手の共感を得て、自分の考えていることが正しいのだと思い込もうとします。それもうまくいかないと、そのうちに自分の殻に閉じこもったり、「よりよい人生を送るには」などの問いと向き合ったりすることを止めてしまいます。これはとても残念なことだと思います。

なぜ、中学生に「対話」が必要なのか？

このような状況から、中学生が率直に対話できるような場を学校教育の活動の中に設定することは、とても意義があると考えています。

「対話」することから得られること

対話には3つの相手があります。「自己」「他者」「世界（情報や図書等）」です。詳しくは次の項で述べますが、このようなさまざまな相手との対話から得られることは、大きく分けて次の3点です。

- 新しいことに気づいたり、自分の考えを深めたり、広げたりして確かなものにすることができるようになる
- 対話を繰り返すことで、自分と何度も向き合うことができ、自分の過去を価値づけ、自分自身を肯定することができるようになる
- 勇気をもって発言し、互いの意見を聞き合うことで、自分だけの思い込みではないかという不安を払しょくし、多様な意見から自分の意見を再構築できる

つまり、自己理解を深めるとともに、さまざまな意見と比較し検証する行為を通して、客観性を大事にしながらも、人と違う意見でも自分の考えを大事にしようというように、自己を肯定し、自信をもつことにつながります。

「質の高い対話」にするためのポイント

教育的効果を高めるためには、「質の高い対話」をすることが大切です。「質の高い対話」とはすなわち、対話によって価値や感性を問い合い、互いの考えや情緒を揺さぶり合いながら、自己と他者の存在を受容し、自己理解を深めるような対話だと考えます。

以下は、中学生の対話活動において私が特に意識している7つのポイントです。

①継続して考えること

テーマや問いについて考え続けることが、対話の質を高めます。すぐに「こんなものだろう」と早合点しないで、多様な意見を聞いていろいろな角度から何度も何度も考えることが大事です。

②言葉を信頼すること

言葉を通して多様な考え方や価値観に耳を傾け、吟味し合うことで、人とつながることの温かさや高揚感を体験することができます。また、言葉を信頼して自分の意見を表現することで、自分自身の考えを別の角度から見たり、冷静に判断したりすることもできるようになり、深い学びへとつながります。

③自分の言葉で語ること

近頃の中学生は、以前よりずっと滑らかに話すことができるようになった印象があります。しかし、ネットやＴＶでよく出てくるような言葉や考え方を使って饒舌に話す傾向もあります。借り物の言葉、口先の言葉ではなく、一度自分の体を通して考えた「自分の言葉」で語ることを重視します。実感のある言葉を手に入れるためにも、考えを整理するためにも、自分の考えを書くことを、何度も学習過程に組み入れます。

④正解は一つではないことを理解すること

人を批判した瞬間に、その人を理解しようとする気持ちが停止します。正しい・正しくないと決めつけることはせずに「まずは、聞いてみる」という姿勢や、「正解は一つではない」ことを理解する姿勢をもつことが、他者と対話をする上で非常に重要だということを伝えています。

⑤根拠をもつこと

「論理性」や「客観性」を高めるために、「根拠をもって考えを伝える」ことの大切さを繰り返し伝えています。これは、論理的思考力を高める練習にもなります。

⑥人生のよりどころになるような言葉を見つけること

言葉で表現する（＝言語化する）ことによって感情を分化し、自分の考えや気持ちを的確に表すことができるようになります。自分の気持ちと素直に向き合い、人生のよりどころ＝「鉤（かぎ）」「フック」となる言葉を見つけることは、自分らしく生き抜く一つの武器になります。他者や世界との対話は、「フック」となる言葉に出会う絶好の機会です。

⑦関係性を実感すること

「ほんものの私になる」という共通のテーマについて考え続けていること、他者と共に語り合っていることが、自信や勇気をもたらします。

また、「自分だけが悩んでいたと思ったが、皆も同じように不安だったのか」という安心感や信頼感も湧き、「いまはダメでも、必ず、もっといい自分になれる！」というように気持ちを建て直すことにつながります。

価値を共有する空間を作る＝文化を創る

　生徒も教師も保護者も地域の住民も立場を超えて、「共に学ぶ者・求める者」として集い、対話に臨むことで、共に考え続ける仲間がいることを確認し合うことができます。そして、自分の言葉がちゃんと他者に受け止められているという安心感のある空間の中で、だれもが心の底ではよいこと・美しいことを求めていること、つまり同じ価値を共有していることを確認することができます。そこには、一つの文化が生まれます。

- 互いの意見を尊重することを心地よく思えること
- 共に考え続けていることの価値や意義に気づき、誇りに思うこと
- 互いの価値を認め合うことで、共有する空間や文化を拡張していこうとすること
- 共にいる場や文化を成長させていくのは自分たちであるという当事者意識をもつこと

　これは、市民教育（シチズンシップ教育）という観点からも意義があるのではと感じています。

「世界との対話」が人生を支える糧になる

　「世界との対話」（38 ページ参照）、つまり多様な人との出会いや多角的・多面的な幅の広い対話経験を通して、生徒はいろいろな視点からの見方や考え方を吸収することができます。ここにおいて、「単に知っているという知識」は、多様な出会いに支えられた「生きて働く知識」、すなわち「人生を支える」糧となってそれぞれの生徒の中に息づくものへと変容していきます。

第2章　哲学・対話するキャリア教育の仕組みと仕掛け

いつ、どこで、だれ
と対話するのか？

● いつ、どこで対話するのか？
● だれと対話するのか？
● 全校生徒で「語り合うこと」の意義とねらい

　話し合いや意見交流の活性化や進化は、「方法」だけでなく「在り方」が鍵となります。真剣に考え、話し合うために共に集っている空間を楽しみ、その場に浸る経験をすることこそが、対話の醍醐味です。
　そのためには、自分の考えを自由に発言できるような機会を設定し、安心な空間を整えることが重要です。

いつ、どこで対話するのか？

（1）全校、学年、クラスで行う対話の設定

　全校で行う教育活動として、6月・8月・1月の講演会のほか、9月に全校意見発表会、11月に全校読後交流会、12月に「『ほんものの私になる』について語る会」を設定しました（**表2-1**内の濃い網かけが全校での取組み）。
　講演会には、専門家（作家・天文学者・ジャーナリスト等）を招聘しました。また「地域の大人とディスカッション（5〜6人の生徒とゲストティーチャーとの語り合い）」と名づけた多様な人々と出会う場を設定しました。また、2年生では、2月に「立春式」とそれに向けて「大人になるとは」を語り合う機会を設け、3年生では3月に在校生に向けて「私の提言」を発表する機会を作りました（**表2-1**内の薄い網かけが学年での取組み）。

いつ、どこで、だれと対話するのか？

表 2-1　対話を行う行事

月	1 年	2 年	3 年
4	学級目標作成の「対話」 朝読書実施（通年）	学級目標作成の「対話」 朝読書実施（通年）	学級目標作成の「対話」 朝読書実施（通年）
5	宿泊行事（仲間づくり）	鎌倉への校外学習（事前学習の発表会）	修学旅行に関するディスカッション
6	いのちの教育「よりよく生きる」講演と座談会		
7	＊地域の大人とディスカッション 職業調べとまとめ	職場体験学習 ＊地域の大人とディスカッション	＊卒業生とディスカッション
8	世界へ目を向ける（青年の主張作文・人権作文・税の作文）		
9	「よりよく生きるために考える」全校意見発表会		
10	読後交流会クラス発表	読後交流会クラス発表	読後交流会クラス発表
11	全校読後交流会と作者講演会		
12	「ほんものの私になる」 クラス発表	「ほんものの私になる」 クラス発表	「ほんものの私になる」 クラス発表
12	全校「『ほんものの私になる』について語り合う会」討論会と講演会		
12	職業インタビュー	「大人になるとは」（立春式に向けて）	理科の読書新聞作成
1	道徳授業地区公開講座　「よりよく生きるために考える」講演会とディスカッション		
1	ブックトーク	ブックトーク	ブックトーク
1		「大人になるとは」クラス発表	
2	職場訪問	立春式 「ほんものの私になる」	卒業文集（3 年間の中学生活を振り返って）
3	職場訪問発表会	3 年生を目前にして、卒業生の話を聞く	＊地域の大人とディスカッション（私の提言）
3	3 年生から、1、2 年生へ「私の提言」発表		

35

第2章　哲学・対話するキャリア教育の仕組みと仕掛け

だれと対話するのか？

（1）ゲストティーチャー（専門家講師）との対話

　多様な立場の人や専門家との「対話」を通して、その人の生き方、考え方にも触れ、「ほんものの私になる」ことを目指す経験を積ませることができると考え、さまざまなゲストティーチャーを招聘しました。3年間を通じた多様な人々との対話を通し、自己や他者の存在や価値を受け止めるとともに、豊かな言葉による新しい視点を獲得できる環境を整えました。また、興味・関心が自分から他者、そして社会認識へと広がるように留意しました。

　（これまでに来ていただいたゲストティーチャーは87ページ**表4-1**参照）

・金田一秀穂さん（言語学者）　・湯本香樹実さん（作家）

・井坂聡さん（映画監督）　・西研さん（哲学者）

（2）地域の大人との対話

「地域の大人とディスカッション」と題して、地域の大人とディスカッションする機会を組み込みました。生徒5人程のグループに大人1人ずつが参加して、話し合い、アドバイスをもらう取組みです。テーマは、3年間のキャリア教育に合わせて設定しました。

（ある年の例）

- 1年生　新聞記者からインタビューの仕方を教わり、職業人（地域の大人）にインタビューする
- 2年生　職場体験学習の報告会（お世話になった事業所の方や地域の大人に対して報告し、質問に答える）
- 3年生　7月　自校の卒業生と進路について語り合う
　　　　　3月　「私の提言」（中学校生活を過ごして自分の考えたこと、気づいたことを、地域の大人や下級生に伝える）

　このように、地域や識者などの「多様な教育人材の協働」による取組みはより豊かな学びを創り出し、新しい価値に触れる機会となります。そのために、学校に関わる資源（多様な分野の専門家・地域・保護者・生徒・教職員

等）を総動員して、学校を中心に全方向につながることを意識しました。

（3）教師・保護者との対話

　生徒にとって身近な教師や保護者も対話に参加します。「ほんものの私になる」という答えのない言葉に向き合い、参加者はそれぞれが思いを巡らし、真剣に悩みます。生徒の本気で取り組む姿が大人を本気にさせ、大人が「ほんものの私になるってどういうことだろう？」と共に悩み、真剣に考える姿が、生徒の真摯な取組みに効果的に作用しているのだと実感します。全校での会が終わった後も、大人から、「あなたの発言に感動したよ」などと声をかけられることで、生徒もますます本気になって考え続けます。

全校生徒で「語り合うこと」の意義とねらい

　全校で行う利点は、異学年の生徒の意見から気づきや学びがあり、学校に一体感が生まれること、教員の教育活動の共通理解が進み、より高い目標を目指そうとすること、保護者や地域も参画し、共に感想や意見を述べる場が用意できることです。

　経験上、集団が大きいほうが、また日頃からの関係性が薄いほうが、かしこまった空間（ハレの場⇔ケの場）となり、照れずに最後まで発言できます。また聞くほうも、茶化したりせず最後まで聞くことができ、さらに発表者の考えを受けた自分の意見を述べることができます。全校生徒で一堂に会して語り合う時間を設定することで、下級生は、上級生の発言に憧れ、上級生は、下級生の様子に当時の自分を重ね合わせ、成長を確認することができます。

　通常であれば、クラス単位や班単位で「対話」をしたほうが、発言の機会が多いと考えるでしょう。ところが、クラスでは互いの関係が密なので、自分の立ち位置があってなかなかその枠から出た発言をしづらいようです。その点、3学年という異年齢の生徒が、400人以上集まれば、そこは、自然と公の空間になります。ですから、見知った者同士で、意見交流をするよりも、公のルールがありますから、いままでの自分の枠を超えて考えたこと、感じたことをストレートに言える場が設定できます。

第2章　哲学・対話するキャリア教育の仕組みと仕掛け

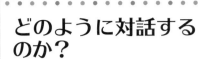

どのように対話するのか？

● 3つの対話を組み込む
● 3つの対話を繰り返すサイクル
● 話し合いの「柱」と目的・課題の設定
● 対話を中心に据えた学習過程の3つの重点

　教科の学習はもちろんのこと、学校生活のあらゆる場面をとらえて、対話する場を設定しています。
　ここでは、どのように対話を行うのか具体的な方法と、教育的効果を最大限引き出すための3つの重点について述べます。

3つの「対話」を組み込む

　本書で言う「対話」とは、次の3つの対話を指すこととします。

- 自己との対話
- 他者との対話
- 世界（情報・図書）との対話

　「自己との対話」は、文字通り、自分の考えと向き合うことです。「他者との対話」は、同級生や在校生、保護者や地域の大人・専門家などのゲストティーチャーなどと意見交流や質問をすることを指します。「世界（情報・図書）との対話」は、図書や新聞・メディア等からの情報を得ることを指します。
　ここで付け加えたいのは、私たちは、人の話を聞いたり、図書を読んだり

すること、つまり「他者との対話」や「世界との対話」などを通して、「自己との対話」を絶えず繰り返しているということです。自分自身と向き合い、自分の考えを形成することで、自己を肯定的に理解することができる、よりよい人生を切り開こうと考えることが、学ぶ意欲の向上につながると考え、多様な対話や振り返りを取り入れる過程を設定しました。

3つの「対話」を繰り返すサイクル

「対話」の効果を最大限に引き出すために、【個→集団→個】というサイクルを取り入れています（**図 2-1**）。

図 2-1 「継続して考える」ことを重視した、主体的に取り組む学習活動の展開

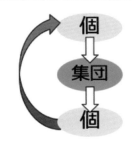

大まかに言えば、【個】自分の考えをもつ学習→【集団】集団での対話で、考えを広げる学習→【個】個人に戻り、今までの学習を振り返り、多角的・多面的に考えを確かなものにしてまとめる学習をスパイラルに展開します。

具体的には、

【自分で考える（自己との対話・世界との対話）】
→【小グループで発信し合う（自己との対話・他者との対話）】
→【自分で考える（自己との対話・世界との対話）】
→【全校・全学年で意見交流（自己との対話・他者との対話・世界との対話）】
→【自分の考えを構築する（自己との対話・世界との対話）】

というサイクルを学校全体のカリキュラムとして教育課程に組み込みました。

第2章　哲学・対話するキャリア教育の仕組みと仕掛け

　なお、単元の学習だけでなく、1時間の授業でも、【個→集団→個】の展開を行います。

話し合いの「柱」と目的・課題の設定

　自分事として「問い」と向き合い、他者の意見や情報と自分の考えを比較して、考えを構築していくためには、「話し合いの柱（課題／論点）」を明確にし、「その柱について自分で考える→柱について意見交流・情報収集（対話）する→もう一度自分で考える」というサイクルを繰り返すことが効果的です。

　また、学習過程において、指導者も学習者も目的と課題を明らかにすることも大切です。

> 学習目的の理解（見通しをもつ）・課題設定
> →学習活動（自分の考えの形成）
> →対話（交流・協働）
> →考えの再構築（学習に対する考察・振り返り）
> →次の学習活動への課題を発見・設定

という循環を作りました（図 2-2）。

図 2-2　「継続して考える」ことを重視した、主体的に取り組む学習活動の展開

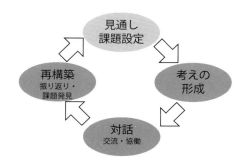

どのように対話するのか？

「対話」を中心に据えた学習過程の３つの重点

　以下、繰り返しになりますが、生徒が対話を進めていく上で重視したポイントをまとめると、次の３点です。

①全校生徒や大人が、共に考え、意見の交流などを通して言葉を吟味する多様な「対話」の場を設定すること
- 教育活動において、意見交流会や討論会、多様な分野の専門家の話を聞く会、地域の大人とディスカッションをする機会を多く設け、多様な人々との対話を通して、新しい視点を獲得する

②自分の考えと向き合うために、「書くこと」や「読むこと」を繰り返し行う活動を学習過程に組み込むこと
- 気づいたことや感想、また体験学習などの報告として３年間で書いた文章を、ポートフォリオとして蓄積しておく（ポートフォリオについては４章で後述します）

③一人ひとりの生徒が共有できる価値観（土台）となるような学校文化を作ること
- 目指す人間像「ほんものの私になる」の下に、全ての教育活動を関連づけ、全方位的に学びやその価値を実感するように教育課程（カリキュラム）を組む

41

- 各教科の指導目標に「ほんものの私になる」を組み込む
- 各教科の指導目標との関連
- 教科指導での取組みの例
- カリキュラム・マネジメントを意識した校内授業研究の実施

　本校のキャリア教育は、道徳や総合的な学習の時間だけでなく、日々の教科でも取り組んでいます。「ほんものの私になる」というキーワードで取り組んでいる全ての学習がつながっていることへの気づきは、生徒の学習を統合し、学ぶ意義を自分なりに受け止め、主体的に学ぶ意欲につながると考えています。

各教科の指導目標に「ほんものの私になる」を組み込む

　全教科等において、「主体的な自立した学習者の育成」を目指し、言語活動の活性化や課題解決学習に取り組むと同時に、各教科等の指導を通して、よりよく生きる力を養う観点から「ほんものの私になる」について、どんな指導ができるかを各教科部会で検討しました。**表 2-2** は、各教科等で「ほんものの私になる」をどんな指導内容で意識化できるかを検討し、示したものです。

　各教科等における「ほんものの私になる」指導の重点は、各教科等で培う資質・能力や学習活動につながりをもたせます。そのため、学校全体の教育課程を「ほんものの私になる」に向かって再構築することにもなりました。

教科での取組み

表 2-2　各教科等における「ほんものの私になる」指導の重点

国語	文章を読んだり、言葉で書いたりすることを通していろいろな生き方に触れ、他者理解につなげるとともに、自分と違う生き方や考え方を尊重する。
社会	多くの情報の中から取捨選択し自分にとって必要な内容は何か選択し判断することで、広い視野で考えようとする力を養う。
数学	誤答をそのままにせず、やり直しをすることで、失敗から学び、次の学習に活かす。あきらめず根気よく問題を解くことで、楽しいと気づき達成感を味わう。
理科	素直で謙虚な気持ちで、さまざまな知識や考えを取り込み、自分なりに考え、見通して予想を立てる。
英語	他国の文化等知らないことを追求し、他者理解の視点をもち、自分の枠組み以外から自分を見る機会をもつ。
音楽	さまざまな音楽と出会い、自分の思いや感性と向き合う力を養う。
美術	生徒が表現方法を試行錯誤して選択し、他者にどのように伝わるかを意識することで、他者の存在を知ること。生徒の中の「私」を引き出し、向き合う。
技術家庭	日常において、選択するための基準を自ら判断し、生活を創意工夫すること。生活を振り返り、よりよくしようとする自立した生活者として、生活と向き合う。
保健体育	自分で目標を設定し、見通しを立てることにより、やり切る。仲間と協力し、他者の存在を感じながら協働する喜びを体験する。
総合的な学習の時間	横断的・総合的な学習を通して、正解のない問いや自分の課題についてあきらめず、決めつけず考え続け、よりよく課題を解決し、自分の人生や将来、職業について考えていく。
道徳	自己を見つめ、物事を多面的・多角的に考え、生き方の考えを深め、自己や社会の未来に夢や希望をもつ。
特別活動	自らの生活を振り返り自己の目標を定め、粘り強く挑戦するためのよりよい生活態度を身につける。

第２章　哲学・対話するキャリア教育の仕組みと仕掛け

各教科の指導目標との関連

先の教科の表に加えて、各教科の指導目標との関連を以下に示します。

表 2-3　各教科の指導目標と「ほんものの私になる」との関連

	教科の指導目標との関連	「ほんものの私になる」ために、教科で目指すめあて
国語	・伝え合う力を高める。 ・思考力や想像力を養い言語感覚を豊かにする。 ・立場や考えの違いを踏まえて話す能力の育成。 ・考えを比べながら聞く能力の育成。 ・相手の立場を尊重して話し合う能力の育成。 ・話したり、聞いたりして考えを広げようとする態度の育成。 ・文章を書いて考えを広げようとする態度の育成。 ・広い範囲から情報を集め効果的に活用する能力の育成。	＜主体的に考える＞ ・自立した個の形成をする。 ・互いの意見を聞き、存在を認める。 ・基礎的な学力の定着による、学びや実践の意欲をもつ。 ・積極的な発言を増やすことで、自己肯定感をもつ。 ・自分の思いを伝えられること、他人の思いを受け止められること。自分の考えと違う意見を受け入れることで、自分の考えに自信をもったり、違う見方をすることできたりする。 ・登場人物等を生き方や考え方から、いろいろな生き方に触れ、他者理解につなげるとともに、自分と違う生き方や考え方を尊重する。
社会	・個人の尊厳と人権の意義について理解を深め公民として必要な基礎的教養を培う。 ・個人と社会との関わりを中心に理解を深め現代社会についての見方や考え方の基礎を養う。 ・歴史を踏まえ、多角的多面的な視点を養い、未来を広い視野でとらえる。 ・現代の社会的事象に対する関心を高める。	・多くの情報の中から取捨選択し、自分にとって必要な内容は何かを選択し判断することができる。 ・広い視野で考えようとする力を養う。

44

教科での取組み

数学	・事象を数理的に考察し表現する。 ・数学的考え方を活用して考え、判断することを積極的に行い、数学的思考力を育成する。 ・考察や計量に用いる能力を伸ばすとともに、論理的に考察し、相手を説得する表現の能力を伸ばす。発信力の育成。	・誤答をそのままにせず、やり直し、失敗から学び、あきらめず、次の学習に活かす。 ・根気よく問題を解くことが楽しいと気づき、達成感を味わう。
理科	・自然の事物・現象に進んで関わり、目的意識をもって観察・実験などを行い、科学的に探究する能力の基礎と態度を育てるとともに、自然の事物・現象についての理解を深め、科学的な見方や考え方を養う。 ・観察や実験の技能を習得し、結果やデータから分析・解釈し、わかりやすく表現する能力を身につける。	・素直で謙虚な気持ちでさまざまな知識や考えを自己内に取り込む。その上で自分なりに考え、表現する力を養う。 ・結果を見通して予想を立て、考察し、自分の考えを自覚して組み立てる。
英語	・英語を聞いて、話し手の意向などを理解し、自分の考えなどを話すことができるようにする。 ・英語で書くことに慣れ親しみ、自分の考えなどを書くことができるようにする。 ・他国の文化に触れたり、知ったりすることで、違う視点から日本の文化や生活を見る。 ・スピーチを通して、スピーチ力・プレゼンテーション力を高める。	・自分も他者も、その発言や意見を尊重すること。 ・相互作用（対話等の他者とのやりとり）の中で、相互理解をする。 ・他の国の文化や自分の知らないことを、英語を通してさらに追求していく。 ・自分の枠組み以外から自分を見る機会をもつ。

第2章　哲学・対話するキャリア教育の仕組みと仕掛け

教科指導での取組みの例（英語科1学年）

　「各教科等における『ほんものの私になる』指導の重点」の**表2-2**を先に示しましたが、もう少しわかりやすく、英語科第1学年担当が英語科で話し合い、まとめた用紙を載せます。

＜カリキュラム・マネジメント「ほんものの私になる」＞

教科名＜英語　1学年担当＞

使用教科書：　NEW HORIZON English Course 1

「ほんものの私」になるためにあなたの教科指導で目指すもの	教科の指導目標との関連	具体的にどんな学習活動で取り組めるか（複数）年間計画と関連させて
・簡単な英語を使って、自分のことを表現したり、相手のことを理解しようとしたりする姿勢や活動と、「ほんものの私になる」を目指し、自分も他者も、その発言や意見を尊重すること。 ・英語に対する意欲関心、積極的に学ぶ態度をもち、他の国の文化や自分の知らないことをさらに追求していくことで、自らを高めていくこと。	・簡単な英語を聞いて、話し手の意向などを理解できるようになる。 ・自分の考えなどを積極的に話すことができるようになる。 ・英語を読むことに慣れ親しみ、書き手の意向を理解できるようになる。 ・英語で書くことに慣れ親しみ、自分の考えなどを書くことができるようになる。	（1）Presentation （7月・1月・3月） 　自己紹介や自分のことについて考え、伝えること。他者の発表を聞いて、良い点を探すと同時に自分の発表を振り返り、改善する。 （2）Unit6 オーストラリア、Unit 7 ブラジル、Unit 8 イギリス、Unit 9 チャイナタウン、Unit10 ボストンの各Unitから他国の文化を学ぶ。 （3）Daily Scene5 道案内、Daily Scene 6 ちょっとお願い等を通して相手の要求を受け止めて、相手により伝わりやすく伝える方法を学ぶ。

　同時に、27ページで示した「ほんものの私になる」の図にあった、項目「向上心」「誠実・率直・勤勉」「自分への信頼」「協働する」についても、英語科の学習（活動）に関連づけていますので、次に紹介します。

46

教科での取組み

- 「向上心」
  初歩的な英語を使って、さまざまな英語表現を学ぶとき、さらに高い
  レベル、豊かな表現を追求する姿勢を培うこと。
- 「誠実・率直・勤勉」
  地道に単語や英文を学ぶ勤勉な姿勢を育てること。
- 「自分への信頼」
  初歩的な英語でも十分自分の思いを伝えられることを知り、自信をも
  って表現すること。
- 「協働する」
  ペアワーク、グループワークを通して、お互いを高め、自分も相手も
  尊重する姿勢を培うこと。

カリキュラム・マネジメントを意識した校内授業研究の実施

　上記「ほんものの私になる」の資質・能力を意識した校内授業研究を実施
し、教員同士で参観し合い、協議する時間を設けました。

　その結果、教員一人ひとりが他教科の学習を身近に感じるようになっただ
けではなく、教育課程全体の目標を意識した総体としての学び（いわゆるカ
リキュラム・マネジメント）の展開を意識できるようになりました。

　生徒からも、「全ての学習が『ほんものの私になる』につながっている」
という声が聞こえてきました。それはすなわち、「学ぶことの意味」を（自
分なりに）感受し、生徒一人ひとりの中で学びが全方向につながり始めてい
ると考えることができます。このように、カリキュラム・マネジメントを丁
寧に計画・実行することで、「学びに向かう力」が醸成され、キャリア教育
がスムーズに展開できるようになります。

47

第2章　哲学・対話するキャリア教育の仕組みと仕掛け

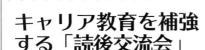

キャリア教育を補強する「読後交流会」

● 学校全体で取り組む対話の訓練「読後交流会」
● 自分の考えと向き合う・考え直すために、「書く」

　「ほんものの私になる」に正解がないのと同じく、それを求めるための「方法」にも唯一の正解はありません。

　ただ、やみくもに発言し合うことは「対話」とは言えません。そこで、学習過程において、目的とねらい、そして「論点」を明確にした対話を理解させることで、思考力を高めることも目標におきました。ここでは、「読後交流会」という本校独自の取組みを通じて対話の訓練を行った様子について述べます。

学校全体で取り組む対話の訓練「読後交流会」

（1）どんな取組みか

　「読後交流会」とは、全校生徒が同じ課題図書（作品）を読み、それについての感想を発表し、論点を挙げて意見交流を行う一連の学習です。総合的な学習の時間や特別活動、国語科を関連させた言語活動として全校で行います。

　詳しくは拙著『白熱！「中学読書プロジェクト」』（学事出版刊）に書いていますが、この読後交流会も同様に【個→集団→個】を繰り返すプロセスで行います。課題図書があることで、「ほんものの私になる」という漠然としたテーマよりもとっつきやすく、「対話」の訓練にはとても適していると考

えています。そして、立場をはっきりさせて、根拠をもって考えを形成するとともに、多様な他者との対話や交流を通じて表現すること、また、対話や交流を通じてさまざまな考えに触れ、自分のそれを再構築することにも最適な学習と考えます。

読後交流会を行う上でも、「自分の考えを発信し、他者と交流する」「全校で共に学び合う」「『かかわり』の中で気づく」「全員の生徒がやり遂げる」ことに留意します。このように、学校生活全般にわたって「文化」を浸透させることは、教育活動がやりやすくなるだけでなく、生徒の混乱を防ぐことにも役立ちます。

次に、読後交流会の目標と学習過程を記します。

（2）読後交流会の学習目標

読後交流会の学習目標は、「よりよい生き方としての『ほんものの私になる』を探究するために、課題図書の読書を通じ、学び方を身につけ、課題を見いだし、話し合いの柱（論点）について根拠を明確に自分の考えを形成して表現するとともに、それを多様な他者との対話や交流を通じて再構築すること」です。

表 2-4　読後交流会の学習目標および評価基準

観点	ア　課題の設定と生き方の探究	イ　情報収集と学び方	ウ　自分の考えの形成と表現	エ　協同的な課題解決
単元の評価規準（全学年共通）	読書や交流を通じて自ら課題を設定したり新たなそれを見いだしたりしながら、よりよい生き方を探究している。	課題に応じて必要な情報を収集し、活用するための多様な学び方を身につけている。	課題に応じ、作品に表れるものの見方や考え方をとらえ、根拠を明確に自分の考えを形成し、表現している。	多様な立場を承認した上で交流し、自分の考えを再構築している。

第2章　哲学・対話するキャリア教育の仕組みと仕掛け

(3)「読後交流会」の学習過程

学習過程	主な位置づけ	主な活動内容
①見通し・課題把握	・朝読書（教育課程外）	課題図書を個人で読み、疑問点や感想を書く（ワークシート）。
②考えの形成	・総合的な学習の時間 ・特別活動（学級活動）	全校読後交流会で話し合う課題（論点や柱）を設定し、自分の感想や考えを書く（ワークシート）。
③対話 （交流・協働）	・クラス読後交流会 ・全校読後交流会 　（総合的な学習の時間）	ここでいう「対話」とは、自分自身や図書、他者（級友・全校生徒・大人）等の交流全般、講師である専門家の全校読後交流会の講評を指す。
④考えの再構築（振り返り・発見）	・総合的な学習の時間 ・特別活動（学級活動）	読後交流会終、気づいたこと、考えが深まったこと等を個人で書き、考えを確かなものにする（ワークシート）。

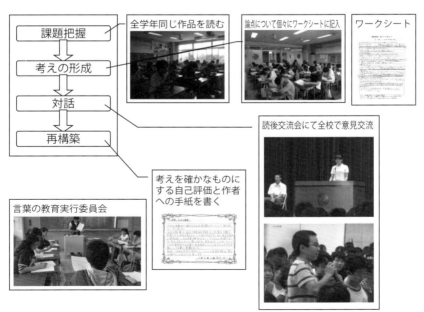

キャリア教育を補強する「読後交流会」

（4）話し合いの柱（論点）の工夫

　読後交流会の裏の意図として、「正解のない問いについて考え続ける力の育成」「読後の意見交流を、生徒自身が日々の生活に活かしていくこと」「一体感の実感」ということもあります。つまり、正しい読み取りが目的なのではなく、意見交流を通して、同じ図書を読んでも多様な意見や感想が生まれることを実感することを大切にしています。

　もし、論点を決めないで自分の感じたことを個々に発表するだけでは話し合いが深まらず、「他者との対話」になりません。読後交流会の目的は、「交流すること」にあり、図書や情報から見つけた課題について対話・交流することで主体的に学ぶことができます。

　論点は生徒のワークシートの記入をもとに教員が決めるのですが、生徒が登場人物と自分の生き方や考え方を比較したり、重ね合わせたりしながら、自分自身の生き方についても考えを深められる論点にします。論点を決める際の具体的なポイントとして、以下のものがあります。

①生徒のワークシートの記入から、話し合いたい意見の多かった項目を取り上げる
②発言の立場を明確にさせるため、肯定・否定の立場から発言できる問いを入れる
③登場人物と自分の生き方・考え方を比較させることができることを意識する

　ただし、②の目的は、あくまでも考えるための「補助線」であり、特定の結論に生徒の思考を集約するためのものではないことに留意します。

　互いの経験を的確に言葉にすることは、互いの意見から、共有できる考えや誰もが納得する考えを探したり求めたりするために大変重要です。

　次に、『星の王子さま』を課題図書にした読後交流会での論点を挙げます。

51

第2章　哲学・対話するキャリア教育の仕組みと仕掛け

『星の王子さま』の論点

1　王子さまはどんな人だと思いますか。
2　キツネの言葉や行動などからあなたはキツネについてどう思いますか。
3　「おれ、あんたと遊べないよ。飼いならされちゃいないんだから」（内藤濯訳）。このように言ったときのキツネの気持ちをどう思いますか。
4　「かんじんなことは、目に見えない」（内藤濯訳）。なぜこの言葉がキツネにとってそんなに大事になったのだと思いますか。
5　「かんじんなことは、目に見えない」。このような経験はありますか。
6　読後交流会を通して、自分が気づいたこと、考えたことで意見のある人はいますか。

（5）『星の王子さま』読後交流会の実際

　読後交流会当日には、論点について発表し合う「対話」の前に、各学年の代表が1名ずつ前に出て「意見発表」を行う形式をとっています。これにより、その後の対話にはずみをつけるためです。以下は、『星の王子さま』を課題図書にした読後交流会での意見発表者の発表の一部です。

「周りに染まらないで」

（3年男子）

僕は小学生のとき『星の王子さま』を読んだ。王子さまの純粋で、無垢なイメージが残っている。子どもっぽく無邪気で、汚れを知らないような美しい性格であったと思う。しかし、それは、周囲の影響も受けていない。つまり、周囲の環境に対しての知識が少ないことにつながっていると思う。そのため、王子さまの言動は常識はずれであり、配慮のないものがある。現にバラに言ったセリフの中でも、思ったと

しても普通言うべきでないという表現が多くみられる。王子さま自身ももっと周りの事を知ろうとしているようだった。僕は、その知識への探究心は素晴らしいものであると思う。しかし、初めに述べたような王子さまの純粋さや無邪気さは損なわれてしまうのではないだろうか。王子さまは言ってしまえば、子どもなのだ。そして、知識を蓄えながら成長していき、大人になっていく。それにつれて、王子さまも周りの色に少しずつかもしれないが、染まっていくだろう。その時王子さまは今持っている大切なもの、考えを失わずにいられるだろうか。キツネの言う「目に見えない一番大切なこと」は忘れずにいられるのだろうか。現代のデータによる数値が飛び交う社会において、たいていの大人たちは目で見えるものばかりを大切に抱え込み、人と人とのつながり、またそこに生じる感情等の本質的に大切なものを見失ってしまっている。王子さまにはそんな大人にはなってほしくないし、自分もなりたくない。どんなに周りが変化しようとも、今自分が持っている本当に大切なものをなくさずにいたいと思う。

（6）全校読後交流会『星の王子さま』を終えての振り返りの文章より

- 下級生の発言を聞いて、自分が大人になったと思えた。（3年男子）
- 私の発言に対して、関連した意見を3年生が言ってくれた。私の意見につなげてくれたことがうれしかった。（2年女子）
- 「大切なものは目に見えない」について、「見えていないからこそ、大切にしなければいけないね」と家で母と話した。（1年女子）
- 読後交流会や意見発表会を通して、「私は、自分で一から意見を作るより、他者の意見を聞いてそれに対する自分の意見を表明していくのが得意だ」ということがわかった。そして、自分の提示した意見から、会全体がいい方向にいったり、深い議論になったりするのが楽しい。だから、人の意見を自分に取り込んでいくこと、そして私の批評力が、自分の武器だと気づいた。（3年女子）

第2章　哲学・対話するキャリア教育の仕組みと仕掛け

図 2-3　『星の王子さま』読後交流会を終えての感想

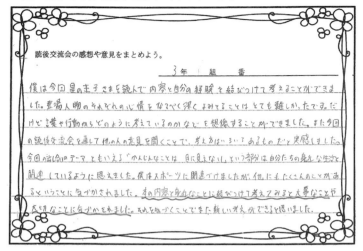

自分の考えと向き合う・考え直すために、「書く」

「読後交流会」で積極的に発表するためには、一人ひとりが自分の考えをもち、学習のプロセスを積み上げることが大切となります。先に示した「教育活動のサイクル」のように、全生徒が感想や自分の考えを書き、クラス発表や討論会を経てから、全校読後交流会を行います。その後、新しく気づいたことや自分の考えが変化したことを文章にまとめ、考えの再構築をする時間をもつことを徹底しました。

同様に、行事のたびに、感想・報告をワークシートや作文の形態で文章化し、ポートフォリオ（ワークシートや作文の形態で文章化して蓄積したもの）として生徒一人ひとりが保管していきます。自己内対話を繰り返すことで、「ほんものの私になる」の各教育活動における自分の思考過程や自らの変容を見届け、価値づけることができます。また、自分の意見を書くことで、自分自身を客観的に見ることになり、論理的思考を養うことができます。

3年間の学習の記録をポートフォリオとして綴った活動の一覧は、後述（「ポートフォリオ」の項目）します。

第3章

「ほんものの私になる」に
関連する取組み

第3章 「ほんものの私になる」に関連する取組み

「立春式」

- ●2年生の3学期に行う「立春式」
- ●冬休みの課題作文と学級内意見交流会
- ●「立春式」本番
- ●「立春式」後、現時点でのまとめ

　第3章では、「ほんものの私」を哲学するキャリア教育を行う上で節目となるような大きな取組みについて紹介します。まずは、中学2年生の3学期に行う「立春式」です。3年間のキャリア教育の折り返し地点を過ぎ、ここで自分自身にとっての「ほんものの私になる」について、一度じっくり考えて、いわば＜中間まとめ＞をするための取組みです。

2年生の3学期に行う「立春式」

　「立春式」は、立春のころ（2月4日ごろ）、3年生への進級を目前に控えた中学2年生が、自分を振り返り、よりよい人生を切り拓いていきたいという意欲と決意を新たにすることを目標として行います。本校では「立春式」という名称で行っていますが、「立志式」という名で行事を行う学校もあると思います。日本では、武士の時代を中心に、「元服」という大人になる節目の儀式を行ってきました。数え年15歳に祝ったと言われていますので、今でいうと、中学2年生にあたります。

　この時期は、3年生を目前にして進路選択もいよいよ現実のものとなり、かと言って何になりたいか、どういう方向に進めばいいのかがはっきりしていない生徒も多い時期です。そんなタイミングで専門家の講演を聞くことは不安や焦りと向き合うきっかけになると考えました。そのためにも、「立春式」

「立春式」

を単発の行事ととらえず、「ほんものの私になる」の一連の学習の取組みととらえて実施します。全ての教育活動が、「ほんものの私になる」に結びついているものであることを、生徒が自ら意識化できるように、**表 3-1**のような単元を組みました。

表 3-1「立春式」の単元計画の流れ

日程	内容
① 12 月中旬	「立春式」の意義を知り、今後の学習の流れを確認する。
②冬休み ＜課題＞ 図 3-1	「『大人になる』とはどういうことか」「どんな大人になりたいか」を考える。家族等の意見を聞く。ワークシート（作文）に書いて、始業式に提出する。
③ 1 月 9 日	道徳授業地区公開講座で講話を聞く。
④ 1 月中旬	「『大人になる』とはどういうことか」「どんな大人になりたいか」のワークシート（作文）を、クラスで読み合い、感想を言い合う。
⑤ 2 月 5 日 ＜立春式＞	「立春式」本番での講演と意見交流。
⑥ 2 月上旬〜 中旬 ＜まとめ＞	「自分自身にとっての『ほんものの私になる』とはどういうことか」「そのためには何が必要か」について、現時点での自分の考えをまとめる。

冬休みの課題作文と学級内意見交流会

冬休みの課題、「『大人になる』とはどういうことか」「どんな大人になりたいか」の作文（**図 3-1**）を、年明けて 1 月中旬の総合的な学習の時間に各クラスで読み合い、感想を言い合いました。生徒の作文と、一部を抜粋したものを 59 〜 61 ページで紹介します。

57

第3章 「ほんものの私になる」に関連する取組み

図 3-1　冬休みに配布したワークシートと生徒の作文

２年生の皆さんへ

　今皆さんは、将来についてどのようなことを考えているでしょうか。明確な希望、漠然とした不安などさまざまな思いを抱いていると思います。

　年明け１月９日の道徳授業地区公開講座では地域の方々から、お話を伺います。さらに皆さんは来年２月５日に「立春式」と題して、講演を聴く会を行います。これから進む道に「志」を立て、大人になるための自覚を深めたいと願って催す講演会です。

　日々、勉強や部活、習い事に取り組むことで、大変忙しいことと思います。「大人になる」ということをじっくりと考えたことはあまりないのではないでしょうか。そこで、14歳の立春（新春）を迎えるに当たって、少し考えてみる機会をつくりたいと考えました。

　皆さんは今まで読後交流会や意見発表会などさまざまな場面で、生き方について考えてきました。「立春式」を終えた後には、いろいろなお話を聞いてさらに深まったあなたの考えをまとめてもらいます。

　そのためにもこの冬休みは、「今のあなたが将来どんな大人になっていたいか」を考えてみましょう。職業等の進路についてでも、精神的な成長についてでも、いろいろな面から考えて書いてみましょう。

　冬休みを機会に、家の人とも「大人になる」ということについて話題にしてみましょう。

「立春式」

「『大人になる』とはどういうことか」「どんな大人になりたいか」

2年　Ｄ組　　番 氏名

　「大人になる」ということは、今の自分に満足せず、一回り、二回りも成長し続けることだと思います。今の僕の中で具体的に「大人」とは何か、どうすれば近づけるのか、はっきりとは分かりません。しかし、一つだけ言えるのは、「大人になる」「ほんものの私になる」というのは、いつ成しとげられるか、どうやったら成しとげられるかなど具体的に定まっているものではなく、人として生きていく上で何才になっても、課題として残っていくものであるということです。もし、「大人」「ほんものの私」が自分の中で完成してしまったら、それ以上の成長はありません。人間は、理想に近づくために常に追求し続けなくてはならないと思います。また、「どんな大人になりたいか」というのは、自分の中で定まってはいませんが、とにかく将来の自分が今の自分よりも一回り、二回りも成長できているように、様々な経験を積み重ねて、日々努力していきたいと思います。そして、年を重ねるごとに考え方も変わってくると思います。他人の気持ちを考えれるようになったり、自分を客観的に見つめ直す力がついたり、こうした全てのことを含めて「大人になる」ということなのではないかと思いました。

第3章 「ほんものの私になる」に関連する取組み

「『大人になる』とはどういうことか」
「どんな大人になりたいか」

生徒作文より一部抜粋

- 大人になるとは自立することであるとも言える。自分の身の回りのことが自分の力だけで行えてはじめて周りの人のことを考える余裕が生まれると思うからだ。
- 自分の力で考え、行動し、物事をやりとげるということが「大人になる」ためにも社会に出るためにも大切なことなんだと思います。他人の支えばかり頼りにしていては、自分が成長しないと思います。
- 大人には何度も壁をこえて辛いことを経験しないとなれないと思う。中学生の私にも乗り越えなければいけない壁や悩み事もたくさんあるが、それから逃げずに向き合っていくことで大人になっていけるのではないかと思う。

- 親と「大人になる」とは、どういうことなのかと話し合った結果、自由に行動できるようになるが、その行動の責任を自分自身でとらなくてはならなくなるという答えに結びついた。さらにいえば、その行動によって負担を負うのは自分一人ではなくなるかもしれない。もしかしたら家族や会社等のグループに負担を負わせることになるかもしれない。だから自分の行動を善悪をもって分別できなければならないのだ。
- 一つ一つの言動に責任があることは大変で気を使うこともあると思うが、周りから頼られるのは嬉しいことだ。

- 「大人になる」とは、何より、弱い自分に負けないということ、競うのは他人はなく自分だ。他人ではなく、昔の自分や、弱かったころなどの自分と比べ、例え後ろだとしても、まっすぐ堂々と進めるようになりたい。(中略) とても小さな変化でも、自分で、変われたな、と思えること、つまずくことや、立ち止まることもあるがそれにおそれず、成長していると忘れず生きていきたい。
- 子どものときは他人に迷惑をかけたときに、代わりに両親が謝ってくれるけど、自分でした事は自分で責任を取ることが大人になることです。次に「どんな大人になりたいか」で私はまちがいのない大人と夢を与えられる大人になりたいです。
- どれか一つに長けているわけではないが、オンリーワンの自分になりたいと思っている。仕事など組織の中でどれだけ自分にしかできない役割を果たせるか、それが大事だと思っている。

- 「大人になる」「ほんものの私」になるというのは、いつ成しとげられるか、どうやったら成しとげられるか、など具体的に定まっているものではなく、人として生きていく上で何才になっても、課題として残っていくものであるということです。(中略) 人間は、理想に近づくために常に追求し続けなくてはならないと思います。

60

「立春式」

- 僕の考える「大人になる」ということは「今までの人生で培ってきた様々な技術力や思想力、表現力などを社会で駆使できるようになること」だと思います。（中略）普段の生活をよりよくしようと心掛ける努力こそが子どもの殻を破っている証なのです。
- 僕は将来や今の自分のためにも、たくさんのことに挑戦していきたいです。
- 今の自分が大人になった自分を見て幻滅しないようになりたいと思う。大人は完璧ではないのだから、理想に近づくために努力することを忘れないで生きることが大切だと思う。
- 大人になるとできることや選択肢が増えるため、自分で決めなければならないことが多くなると思う。その判断をするためにも心の成長は必要であると考える。
- 大人になるというのは自由になる分、判断力や責任感をもつことだと思う。今は周りの大人たちに支えられているが、その支えがどんどんなくなっていくからだ。そこで、私がなりたいと思った大人は「説得力のある大人」だ。

- 僕は大人になるということは、「人に親切にできる」ことだと思う。自分自身が幸せになりたいと思うから、大人になって人を幸せにすることが自分自身の幸せにつながってくるのだということを僕は思った。
- しかし、大人になるまでに何が起こるか分からない。性格だって変わってしまうかもしれない。だけど私はいつも思っている「自分のことより相手のことを優先させる人」だけは大人になっても忘れないようにしたい。

- 自己中心的な人は、自分中心の世界＝そこには、他人の考えがない世界である。しかし、だからといって、自分の考え、軸をなくしてしまうと、それは、他人に流れされやすいということで、自分を認めていないことだ。自分の軸がちゃんとありながら、相手の考え、思想、性格を認められることが大事だ。それには、自分の意見をもつことだ。
- 私にとって「大人になる」というのは自分の感情に振り回されず、上手に感情をコントロールし、他人を思いやることができ、また、固定観念にとらわれず他者を理解することだと思う。
- 僕にとって「大人になる」とは周りを見ることができる、ということだ。（中略）二つ目は一人ではできない、と感じたら助けをもとめることだ。

- 「大人になる」とは「思いやり」ができることだと私は思った。―「思いやり」はやろうと思ってもなかなかできないことではないだろうか。だから私は町中でさりげなく「思いやり」ができる人を見かけたとき、「大人だな」「かっこいいな」と思う。私はその中でも「相手の立場を考える」ことができる大人になりたい。（中略）私のモットーは「自分がされて嬉しいことは他の人にする。」このモットーを胸に「相手を思う」ことができる大人になりたい。そして、そんな「思いやり」をもった人がたくさん増えてほしいと思った。

- 夢を目標に変えて現実のものにすることだと思います。

第 3 章 「ほんものの私になる」に関連する取組み

「立春式」本番

（1）実施要項

この年は、2月5日に立春式を行いました。以下は実施要項の一部です。

1．目　的：『ほんものの私になる』ための生徒教育に向けての取組み
2．実施日：平成28年2月5日（金）
3．時　間：13時30分〜15時00分
4．場　所：アリーナ（体育館）
5．講　師：井坂　聡　先生（相模女子大学教授、映画監督）
6．表　題：『ほんものの私になる』〜自分の未来に向けての取組み〜
7．分　担：言葉の教育実行委員（司会2名、お礼の言葉1名、花束贈
　　　　　　呈1名）
8．時程　13：15〜　　移動開始
　　　　　13：30〜　　立春式　　①校長先生挨拶
　　　　　　　　　　　　　　　　　②生徒代表「立春式」に向けて発表
　　　　　　　　　　　　　　　　　③講演（40分）
　　　　　　　　　　　　　　　　　④質疑応答
　　　　　　　　　　　　　　　　　④お礼の言葉
　　　　　　　14：45　　　感想・お礼の手紙記入

（2）講師：井坂聡氏の講演より

　幼少から親の影響で映画はよく見ていた。高校の文化祭で、映画を作るのが楽しかった。ほとんどの時間を映画制作に費やした。大学は映画好きが高じてか、文学の道へ進んだ。大学に入ってからまた野球を始める。けがに泣き、フォームも崩れ、ベンチで過ごした。「神宮に立つ」という夢は叶わなかった。大学も終わりに差しかかり、自分の将来を考えたときにやりたいことは何だと改めて考えてみると楽しかった映画作りを思い出させた。やはり映画を作りたいと思い、先輩に話をしたところ、映画会社は斜陽産業だと言われた。それでもやりたいならフリーランスでやれ、と言われ、フリーで仕事をやる道に進んだ。助監督として仕事を続けて15年、ようやっと監督として映画を撮る機会を与えてもらえた。コツコツと仕事を続けることが信頼を生み、次につながることを実感した。

「立春式」

「立春式」後、現時点でのまとめ

　冬休みから「大人になる」とはどういうことか、自分自身と、あるいは家族、クラスメイトと共に考えてきました。道徳授業地区公開講座、立春式。さまざまな形でいろいろな方から「大人になる」あるいは「『ほんものの私になる』とはどういうことか」をテーマに話をしていただきました。

　立春式を終えた今、皆さんは「ほんものの私になる」とはどういうことだと考えているでしょうか。そして、そのためには何が必要であると考えているでしょうか。多くの方からお話しいただいたことを思い起こし、自らの考えを振り返りながらまとめてみましょう。

　「ほんものの私になる」とはどういうことかをこの２年の学び（道徳授業地区公開講座、立春式など）を振り返りながら考え、自分の言葉で表現します。「字数」を600字〜800字とし、まとめの作文には、以下のことを書くことにしました。

　①「『ほんものの私になる』とはどういうことか」という問いに現時点での考えを書くこと
　②「ほんものの私になる」ためには、今後どうするべきかを書くこと
　③多くの方が話してくださったことなどを踏まえて書くこと（引用することも可）
　④いままで考えていたことが変わった場合にはそのことも書くこと

＊「ほんものの私になる」の図（27ページ参照）の４つの視点「向上心」「誠実・率直・勤勉」「自分への信頼」「協働する」のうち、「向上心」「誠実・率直・勤勉」に関わる記述が多いのですが、立春式を終えての振り返りのワークシートでは、「自分への信頼」の記述が増えました。増えた理由として、講師の講演を聞いて、自己受容の視点をもてたからだと考えられます。

63

第 3 章 「ほんものの私になる」に関連する取組み

「『ほんものの私になる』について語る会」
- 「『ほんものの私になる』について語る会」の実施
- 「語る会」の目標
- 「語る会」の学習過程での位置づけ
- 「語る会」実施までのスケジュール
- 「語る会」までの学習過程で工夫したこと
- 「語る会」のプログラム

　次に紹介するのは、本校に関わる全ての立場の人々が集まって行う一大イベント「『ほんものの私になる』について語る会」です。この取組みは 12 月の土曜授業を活用して、半日かけて行います。生徒それぞれが「ほんものの私になる」について考え続けてきたことを他者と確認し、分かち合うための取組みです。

「『ほんものの私になる』について語る会」の実施

　「よりよく生きるために考える－ほんものの私になる－」という言葉を掲げて、生徒だけではなく、教師も、保護者・地域の方も、自分自身がよりよく生きることを考え続けてきました。「ほんものの私になる」を考え続けてきた全ての方々と生徒がそれぞれの考えを確認し、分かち合う機会を設けたいと考えました。

　そこで、「ほんものの私になる」の集大成として、全校生徒・卒業生・5 年間に在職した教師・地域や保護者も含めて、本校に関わる全ての人々が集まり、土曜授業（9 時 45 分～ 11 時 40 分〈2、3 校時〉）を活用して「『ほんものの私になる』について語る会」（以下、「語る会」）を本校体育館で実施しました。

「語る会」の目標

この行事の目標は、以下の通りです。

目標：多様な教育活動を通して考え続けてきた「ほんものの私になる」について発表し合うことを通じ、互いの存在や共に考えることの価値を実感する。多様な立場の人の発言や講演を聞いて、よりよい生き方について考え、自分の将来への希望や展望をもつ。

「語る会」の学習過程での位置づけ

「『ほんものの私になる』について語る会」は、図 3-2 のように、学習単元「ほんものの私になる」の学習過程の「対話」にあたる学習です。

ここに至るまでに、【個】→【集団】→【個】の学習形態を繰り返し、「自己との対話」「他者との対話」「世界との対話」など、さまざまな対話も繰り返していますので、一人一人の生徒が自分の考えをもった上で、「語る会」に臨みます。

図 3-2　「『ほんものの私になる』について語る会」の学習過程

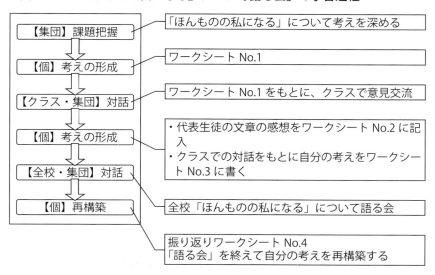

第 3 章 「ほんものの私になる」に関連する取組み

「語る会」実施までのスケジュール

　「語る会」までの学習過程に長いスパンを取ることで、学校全体に、共に考えることの意義や価値を見出すムードを醸成し、互いの意見を認め合い、他者の存在を認め合う基盤を作ります。実際には、**表 3-2** のように、約 1 か月半にわたって、継続して考える機会と場を設けました。

表 3-2　「語る会」実施までの具体的なスケジュール

日程	内容
① 10 月下旬	全校朝礼で「『ほんものの私になる』について語る会」の開催を予告し、学級でワークシートを配布する。今後の学習の流れを確認する。
② 11 月上旬	1 週間ほどかけて、朝読書の時間を活用し「ワークシート No.1」に記入する。その後、「ワークシート No.1」についての意見交流会を行う。（学活の時間） ＜論点①「ほんものの私になるために大切なこと」、論点②「ほんものの私に近づいたと思った経験」＞
③ 11 月中旬	「ほんものの私になる」について、ワークシートを参照しながら自分の考えをまとめる。（道徳の時間） →この作文から当日作文を発表する生徒を各学年 1 人選出する。
④ 11 月下旬	1 週間ほどかけて、朝読書の時間を活用し「ワークシート No.2」に記入する。 ＜代表生徒の文章を元に、自分の感想を書く＞
⑤ 12 月上旬	1 週間ほどかけて、朝読書の時間を活用し「ワークシート No.3」に記入する。 ＜もう一度、論点について自分の考えを書く＞
⑥ 12 月中旬 ＜当日＞	「『ほんものの私』について語る会」 ＜会終了後、振り返りの「ワークシート№.4」を書く＞

「語る会」までの学習過程で工夫したこと

（1）【個】→【集団】→【個】のスパイラル

　学習過程には、第2章で示したように【個】→【集団】→【個】の形態を経ることで、多角的に考える機会や場を設けることにしました。付け加えると、学習形態は、【個】→【集団】→【個】→【集団】→【個】というように、スパイラルに繰り返します。例えば、【集団】の大きさを、最初は班で、次はクラスで、学年で、学校全体で、というようにします。

（2）生徒全員の足並みをそろえること

　重要なのは、自分の考えと向き合う時間を十分にとること、考えの表明の機会を作ることです。そのためにも、ワークシートへの記入を全員の生徒が完了していることを確かめてから、話し合い活動に移ることが大事です。記入が遅れる生徒には、個別に声かけをしたり時間を取ったりして、全校生徒が主体的に取り組めているかを常に見届けます。

　3年間を通じた多様な人々との対話を通し、自己や他者の存在や価値を受け止めるとともに、豊かな言葉による新しい視点の獲得と、興味・関心が自己から他者、そして社会認識へと広がるように、学習過程や話し合う内容を工夫しました。

（3）考えを深めるための「話し合いの柱」（論点）の明示

　「話し合いの柱」をはっきり示すことは、論理の道筋を明示することになり、論理の共有を図ることにつながります。論理の共通理解を図ることは、話し合うことの土台を共有することとなり、考えを深められるので、話し合いからの気づきがより多くなります。

　また、今までの自分の考えの経過を振り返り、自分の考えの変化を自ら確認するために、「ほんものの私になる」を、自分の生活経験と結び付けて考えることが大切です。「よりよく生きるために考える―ほんものの私になる―」は、実際の生活で活かしていくものであることをいつも意識させます。

第3章 「ほんものの私になる」に関連する取組み

> 論点1　あなたは、「ほんものの私になる」ために、大切なことはどんなことだと思いますか（「ほんものの私になる」ために、何が必要だと思いますか）。思ったことを、自由に書きなさい。
> 論点2　生活の中で「ほんものの私になる」に近づけたと思った経験はありますか（―失敗から、学んだ。こういうことが「ほんものの私になる」なんだと意識した。人との協力で、その人の言うことを受け止められた。あきらめずに、最後までやりきった。―など今までの経過から小さなことでもよいので、思い出してみましょう）。

「語る会」のプログラム

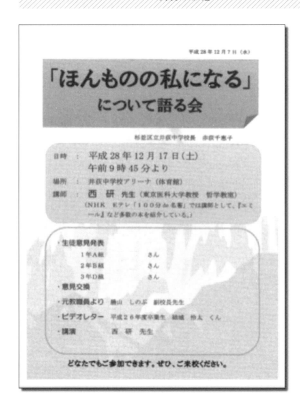

「読後交流会」（第2章参照）と同様に、まず、各学年の生徒代表が自分の考えを述べた後、全員で討論会を行います。その後、学校に関わるさまざまな人々（地域・保護者・卒業生・旧教職員）からの意見を聞き、講師から講評をもらうという流れです。（左参照）

「『ほんものの私になる』について語る会」

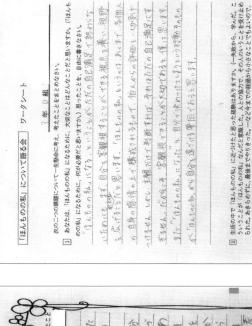

第3章 「ほんものの私になる」に関連する取組み

ワークシート No.2

今日は、「ほんものの私について語る会」の一年生代表者の意見文を読みます。読んで、内容についての意見や感想を書いてください。

「ほんものの私」とは

一年A組

私自身、「ほんものの私」とは何かはっきり分かりません。でも、私は「ほんものの私」になるために、困難を乗り越えることが大切だと思います。

私は、水泳を習っていて、タイムが伸び悩むことがしばしばありました。そのときは練習がきついと、「どうせこんな練習をしてもベストは出せない」と思っていました。実際、「もう水泳を辞めたい」と口にしたこともありました。結果が出ないと分かっていながらも大会に出て、やはりタイムが出ずに、心が折れそうになることも多々ありました。

それでも私が水泳を辞めなかったのは、なぜなのでしょうか。それは、結果が思うように出るものではなくても、やっとベストが出せたときに、自分の成長を実感したとともに、言葉では表わすことのできない達成感と満足感があったからだと思います。他の人からしたら、たったの〇・二秒かもしれないけど、私にとってはとても価値のある〇・二秒が出たときに、あわてずに立ち向かっていけるという自信と自分の強さに気づくことができました。

そして、また困難が来たとしても、あわてずに立ち向かっていけるという自信と自分の強さに気づくことができました。

私はこの経験から、できなかったことをできるようにすること、またその過程で、今までの自分とは違った「新しい自分になれる」と思います。そして その新しい自分の積み重ねが、私達の日々であり、「ほんものの私」に近づく第一歩だと思います。

D組 3番

僕は、上の文章を読んで、ほんものの私になるためには日々の少しずつの積み重ねでそれに伴う変化がないといけないことが分かった。

——さんのように、今ある限界を越えるに到るまでの過程において、割り切れない苦悩や努力があり、の少しずつの変化には気付かないのかもしれない。それが、必ず形をして表われる時が来るということを忘れずにいたいと思う。

ワークシート No.3

「『ほんものの私になる』について語る会」

「ほんものの私になる」について語る会ワークシート

3 年 D 組 3 番

① 代表者の意見文などにもありましたが、生活の中で、「ほんものの私」に近づけたと思った経験について、もう一度考えてみてください。

特に、体育祭、文化発表会での行事、もしくはその練習で、「ほんものの私」に近づけたということが多々あった。

② 「ほんものの私になる」ために大切なことは、どんなことだと考えますか。

① 一言でいうと、

> 自分を客観視して、自分で自分を振り返ることができるようになること。

② どうしてそのように考えたのか、具体的に説明してみましょう。

「ほんものの私になる」ためには、主観だけではなく、客観的に自分を評価することは不可能だと考えられる。主観だけで判断すれば、「今の自己満足によって」保全、他からの視点も一切無視することになる。

※ 「ほんものの私になる」についての考えは、考えてきた時間や経験によっても大きく違います。ですから、お互いの意見を受け止めて、自分の考えをよりよいものにしていきましょう。

※ 「ほんものの私になる」について考える会は、ここに書いたものを発表し合うだけの会ではありません。意見交換を通して、さらに考えを深める会です。他の人の考えから気づいたことや、考えが深まったことなどを、大いに発表してください。その時に、誰の意見と同じまた意見かがわかるような前置きがあると、聞いている人にもわかりやすいし、言った人も取り合いがあると思います。

例
○○さんに賛成で
○○さんと同じように
○○さんに付け足して
○○さんと~というところは同じですが、~というところが違います。

第3章 「ほんものの私になる」に関連する取組み

「ほんものの私になる」について語る会

「ほんものの私」になるためには、自分と向き合う、と考えている人は多くいると思う。しかし、**人と関わることで、**相手のことだけでなく自分のことも見えてくるのではないかと、私は思う。

人と関わることで得られることも大切だが、**一人で考えることも大切**だと思う。ぼくは小学校のときに不登校になったことがあり、そのとき一人で部屋にこもって考えたことが今の自分の成長に大きく関わっていると思っている。

完璧な自分が「ほんものの私」だと思っていたが、**ありのままの自分も受け止めること**が「ほんものの私になる」ことだと気付いた。

努力をしている最中はきつく、何も見えてこないかもしれない。でも、その積み重ねで目標を達成すること、もしくは自分の満足感を得られることで、その大切さに気付き、「ほんものの私」に近付くのだと思う。

目標に向かって努力することも大切だが、もうひとつ必要なのは**自分の自由な意思だ**。

目標が成し遂げられなかったときに、環境が悪かったとか、周りのせいにするために、あちこち模索するのは見苦しい行為である。素直な行為が「ほんものの私」になる。環境が違ったら、なぜ自分が対応できなかったのかを考えチャレンジすることだ。

「ほんものの私」というのは、あくまで自分の考えの上で構成されるもので、そこに客観視できる視点を養わなければ、ただの自己満足にもなりかねないと考えていた。しかし、西先生のお話を聞いて、まずは自己満足でもよいのではないか、**自分に満足する、自信をもつことが初めの一歩なのだ**と考えるようになった。逆に初めから第三者の目を気にしていては、自身の意見が委縮するばかりであるとも考える。

今まで私は「ほんものの私」に一生懸命努力することで〔…〕だと思っていた。しかし、〔…〕聞いたことで、「**自分を〔…〕**ことも大切なのだということ〔…〕私も振り返ってみると、思〔…〕いな」と思うところが少な〔…〕から、私は、これからの人〔…〕いなと思えるように頑張り〔…〕に、今日の会があったので〔…〕

自分のためにうそをつくと自分の汚い部分が見えるし、誰かのためにうそをつくと、かばいたい相手が分かる。**うそはプライドや友だちなど、自分が本当に守りたいものを映す鏡**だと思った。それに気付いた自分と向き合う時が「ほんものの私」に近付く時だと思う。

「ほんものの私」について1年のときから今まで何度も何度も考えてきたが、**毎回毎回考えが違ったり、新しく気付けたり**することがあった。

「『ほんものの私になる』について語る会」

「語る会」の生徒発言より

H28.12.17
於 杉並区立井荻中学校
アリーナ

言葉にできないことを言葉にできるようになる。また文字に表せるようになる。これは自分にとって難しい。でもそうしていくことで、自分を磨いていき、磨いていけば「ほんものの私」に近付くということに共感した。このような話し合いの場があって、井荻中はいい学校だ。

高校など他校の目標を見る機会が増えたが、自立とか文武両道とか、どれもストレートに分かるものが多かった。対して、「ほんものの私になる」は、非常に抽象的だ。一つの答えがあるかも分からないような難題であるため、一見、教育目標としては、方向性が分かりづらいものにも見える。しかし、この教育目標には、考え続けさせようという教育方針があるとしたらどうだろうか。**巧みな意見交換の場を設け、一人一人の理解度や事柄に対する思考を深め合いつつ、さらに互いの意見をぶつけ合い、認め合っていくことができる。**「ほんものの私になる」は井荻中の教育目標に最適であると考える。

一人で考えているときは難しかったけれど、様々な意見を聞いて、**それぞれの「ほんものの私」があってよい**のだと楽な気持ちになった。

僕は、今まで「ほんものの私」というものには、いつか答えが出るものだと思っていた。しかし、会を重ねていくごとに「ほんものの私」というものが、どんどん遠のいていくように感じられた。だが、それがとても面白く感じられた。「ほんものの私」というものに答えがないということは、**考え方は無限にある**ということだ。僕は、その無限にある考え方を吸収したい。そして、自分の中の世界を大きくしていきたい。

私たち井荻中学校では、ひとつのことについて話し合う機会があることが当たり前だと思っていたが、**自分の考えをもって、書いて、言えることがどれだけ素晴らしいことか、**そんな機会があることに感謝しなければいけないと思った。

井荻中学校は**お互いの考えを認め合えるような環境**なので、みんなが本音が言い合えるのだと思った。

「ほんものの私」とは、何か発見できるもの……西先生のお話を**振り返る**……を知った。今、……たかったり「い……くなかった。だ……生で、自分が良……たい。そのため……はないかと思う。

「ほんものの私になる」という大きな柱を軸にして、その柱の中のいくつかの小さな目標としてスポーツや芸術などの自分の目標を決めるのがよいと思う。

僕は、井荻中の3年間で自分の考えを確立するまでに至った。これから先、さらに多くの人の考えを聞いて、**自分の考えの幅をもっと広げたい。**このような向上心が「ほんものの私になる」ために大切だと思う。

73

第3章 「ほんものの私になる」に関連する取組み

「私の提言」
（在校生へのメッセージ）

● 「私の提言」の目的
● 「私の提言」実施までのスケジュール
● 「私の提言」のプログラム

　最後に紹介するのは、本校の取組み「ほんものの私になる」の集大成として、卒業を前にした3年生が3年間の中学校生活を振り返り、「提言」としてまとめるものです。

「私の提言」の目的

　「私の提言」とは、本校の取組み「ほんものの私になる」の集大成として、現時点での自分の考えを学級で発表し合ったり、在校生にアドバイスしたりする取組みです。
　この取組みの目的は、以下の通りです。
　①3年間の経験を踏まえて卒業の前に自分の考えをまとめることで、自分自身を振り返り、自己の成長を確認するとともに、将来に向けて前向きに生きようとする意欲を培う。
　②互いの提言を聞き、意見交流をすることで、共に学び合う互いの存在を確認するとともに、他者の提言からも気づきをもらったり、共感したりする。
　③発表を通して自分自身を肯定的に受け止める。

「私の提言」

「私の提言」実施までのスケジュール

表3-3　「私の提言」のスケジュール

日にち	学校行事	取組み
3／1（水）	学年末考査3日目	
2（木）	都立高校一般入試合格発表	
3（金）		道徳の時間：私の提言　準備1
6（月）	全校朝礼	
7（火）	各種委員会	道徳の時間：私の提言　準備2
9（木）	私の提言（学級）	私の提言（学級） 地域の方とのディスカッション 1校時〜4校時多目的会議室にて実施 ①C組　②B組　③A組　④D組
14（火）	私の提言1、2年生に向けて発表	私の提言（全校）5、6校時 学年全体で体育館にて実施（代表者による発表・発表会の批評と講演）

「私の提言」のプログラム

（1）各学級での準備

【準備1】　3月3日（金）6時間目道徳（各学級）

・「私の提言」の作成（400字〜600字程度で作文）

→3月6日（月）提出締切

【準備2】　3月7日（火）6時間目道徳（各学級）

・「私の提言（学級）」「私の提言（学年）」の流れについて説明

・グループ分けやグループリーダー、発表順番について確認

・名札準備、名簿作成

第 3 章　「ほんものの私になる」に関連する取組み

（2）私の提言（学級）

【実施例】　3月9日（木）①C組　②B組　③A組　④D組

・各学級5グループ（1グループ　6～7人）　　　・名札必要
・1グループに1人ゲストティーチャーが入る。
・グループリーダーが司会を行う。
・私の提言（学級）　当日の流れ

時間	活動内容	詳　細
時間前	準備	多目的会議室に5か所、丸型に席を作る。
2分	紹介	 （4班　3班　2班　5班　1班） 担任はゲストティーチャーを紹介する。（簡単に） 紹介後、グループにゲストティーチャーを割り振る。
40分	グループ活動	・司会が発表する順番に提言を言わせていく。 ・一人一人の発表後ゲストティーチャーよりコメントあり。 ・一人5分程度かかる見通し。 ・5分×7人＝35分、5分×8人＝40分
8分	お礼の言葉とゲストティーチャーからの講評	・全員の提言が終わったら、司会（グループリーダー）は簡単にお礼の言葉を言ってください。 ・時間があればゲストティーチャーの方から全体の講評をいただくか、話し合いを時間まで続ける。

　私の提言（学級）では、ゲストティーチャーを5人お迎えします。各学級を5班に分け、1班の生徒数6人～7人で円を作り、各班に1人ずつゲストを迎えます。ゲストは1、2年生のときに「地域の大人とディスカッション」でゲストティーチャーとしてお世話になったことのある地域の方々に、もう

「私の提言」

一度お越しいただました。

　生徒一人一人が順番に、「私の提言」をグループで発表し、ゲストの大人からコメントをもらうという活動を繰り返します。

　時間があれば、ゲストからグループ全体の講評をいただくか、グループで「私の提言」について話し合う時間を設けます。ゲストには1時間目から4時間目まで、各学級それぞれ1時間計4時間参加していただきました。

(3)「私の提言（全校）」

【実施例】　3月14日（火）5、6時間目（体育館）

・各クラス男女各2列　（朝礼隊形）

・全体の流れ

13：35　開会

13：37　講師紹介

13：40　私の提言①（4人）

13：50　意見交換①

14：00　私の提言②（4人）

14：10　意見交換②

14：20　講師のお話

14：40　質疑応答

14：45　お礼の言葉

14：50　閉会

15：00～15：20　ワークシート記入

　「私の提言（全校）」では、1、2年生に対して3年生の代表生徒が、3年間の中学校生活を踏まえて体験から学んだこと、考えたことを発表し、後輩へのアドバイスとエールを送りました。下級生は身を乗り出して聞き、3年生も過ごしてきた月日をいとおしんでいる様子でした。

第3章　「ほんものの私になる」に関連する取組み

「私の提言」

生徒作文より一部抜粋

「今も、これからも、考える」　　　　　　　　　　　　　　　　　　３年男子

「ほんものの私になる」の取組は、受動的だと身に付くものは少ないと思う。やらされるよりも自分から能動的に動くからこそ、「ほんものの私になる」について、深く考えることができるのだ。そして、深く考えることで、私たちは、全員が「言葉」に強くなった。出会うことがなかった図書に出会い、人の意見から自分の意見を深く考える力が養われ、考え方が豊かになったからだ。

現在、私が考えている「ほんものの私」は、「自分の将来に向かって歩みを止めない私」だ。私には、まだ明確な将来像が見つけられていない。いわば、将来の夢がまだないのだ。だからこそ、「歩みを止めない」で、自分の将来を考え続けることが大事だと考えている。

「好きなことを好きだと言う」　　　　　　　　　　　　　　　　　　３年女子

「ほんものの私になる」とは何なのだろうか。一年前、転校してきて、この課題に初めてぶつかった時、驚きもしたし、感心もした。ここの中学生はこんな答えも出せなそうな問いに真面目に取り組んでいるのだな、と純粋さにすごいと感じた。

さてここで、私は「自分の意見をもつこと」を必要とされた。そんなの当たり前に持っている人がここの学校ではほとんどだろう。しかし、私は、自分の意見を作らず、他人に合わせて、のうのうと生活してきたとあって、とても困難に思えたのだ。

そこでもっとも役に立ったのが、「ほんものの私になる」を追求する討論会であった。生徒一人一人が意見をもち発表しているのを見て、私はとても影響された。こういう会を経験していくたびに、私の意見が明確に固まっていったのがわかった。様々な人の意見を聴くことで、自分の意見を深められ、そして大切にしようという気持ちが高まっていった。

それらの経験から、前の私と比べて、好きなことを好きだと言える、素直な人間になったと思った。私をこのようにしてくれたのは、討論会や読後交流会の活動だ。だから、中学生時代という貴重な今の時間を、在校生も大切にしてほしい。

「私の提言」

個性を生かす　　　　　　　　　　　　　　　　　　　　　　　3年男子

　私は入学してから、何となく生活してきたが、一つだけ考え続けたことがある。それは、「ほんものの私」に自分はなれたのか、ということである。突然このテーマを突きつけられたら、きっと誰もが考えずにはいられなくなるだろう。実際私がそうであり、その時受けた新鮮な感じは今も覚えている。

　私は当初、「ほんものの私になる」とは自分で自分の管理をするという簡単なものだとばかり思っていた。それなら私も頑張ればすぐになれると思っていたのだ。その後、数多くの交流会で他の生徒たちの意見を聞いて「ほんものの私になる」について改めて考えさせられた。「ほんものの私になる」ことはそんなに簡単なことではなく、もっと深くにある何かを見つけて初めてなれるのかもしれないと思うようになったのだ。自分を見つめ直し、さらに深いものを見つけていきたいと思うようになった。

　今、私は自分の個性を発揮することが「ほんものの私」になるために大切なことだと思う。個性を発揮することは本当に自分と向き合った人にしかできないと思うからだ。私は、個性を発揮できる道に将来は進むつもりだ。その時初めて「ほんものの私」になることができると思う。将来の進路や自分と向き合う機会を与えてくれた中学校生活に感謝する。

「人間の本質」　　　　　　　　　　　　　　　　　　　　　　　3年男子

　私は、3年間、「ほんものの私になる」という答えのない問いについて考えると共に、「自分」という人間の本質を見極めようと努力してきた。それは、思春期であるから、という安易な理由では片付けることのできないものだ。そして、その行為は、哲学的、あるいは倫理的な視点を私に与えてくれた。具体的に述べるとするならば、哲学的、というのは、「自由とは何か」「勉強は何のためにするのか」などの抽象的な疑問について考えることを指し、題材は、決して堅苦しいものではない。誰もが一生に一度は考えるであろう、しかし、その核心を突くことは、決して容易でない問いなのである。

　しかし、「ほんものの私になる」という活動は、私たちに、先に述べたような問いについて考えを深めるきっかけを与えてくれ、私たちの思考を表現する機会を与えてくれた。そして、思春期と呼ばれる非常に不安定でありながら、純真に物事を考える中学時代に、多くの意見に触れ、自らの思考を深める活動を3年間続けてきた私たちは、それぞれの意見、考えに確信をもつことができるようになった。これは、大きな財産であるとともに、この先の私たちの、いわば道しるべとなるであろう。

第3章 「ほんものの私になる」に関連する取組み

「考えること」　　　　　　　　　　　　　　　　　　　　　　　3年男子

　僕は3年間で、たくさん「考えること」をしてきた。「ほんものの私になる」という答えがない問いの答えを自ら考え、模索する。普段の生活、主に読後交流会で答えを見つけようとすることで、考える力を養えた。

　中学1年の最初の読後交流会。3年生の意見が深く掘り下げたものばかりで、感銘を受けた。しかし、自分は意見を発表することはできなかった。中学2年のときも同じだった。周りの意見を聞いて自分の中でその考えと自分の考えをまとめるだけ。しかし、それには大きな意味があったことに、中学3年の読後交流会で、自分の意見を初めて発表したときに気付いた。相手の意見を聞き、自分の意見と照らし合わせて自分の意見をより一層深める。それを繰り返すことで、考える力を高める。

　現代社会ではネットで匿名で自分の意見を述べる人がいるが、しっかりと自分の考えをまとめ、言葉に責任をもって発信することこそ、「ほんものの私になる」の考え方ではないかと思う。

「自分を知ること」　　　　　　　　　　　　　　　　　　　　　3年女子

　私は、この3年間で、自分のことを知ることができたと思う。それは、この中学校に、自分自身のことを考える時間が多くあるからこそできたことだと思う。

　初めて「ほんものの私になる」について考えたとき、何をどう考えたらいいのか分からなかった。でも、考えていくうちに、自分のなりたい自分や、そのときそのとき成長して変わっている自分のことを言っているのだと私は思った。実際に、私が1年生で思っていた「ほんものの私になる」と、今思う「ほんものの私になる」はもちろん違う。変わっていくことで、その都度、「ほんものの私」になれるような気がしている。

　このように「ほんものの私」を通して、自分と向き合い、しっかりと考えることで自分を知ることができる。私はどんな性格なのか、こんなとき、どう考えるのか、どういう人と仲良くなれるのか、こんなことに気付くことができる。その分、自分のダメな部分もたくさん見えてくる。でも、私は、そのダメな部分も含めて自分を知ることで「ほんものの私」になれると思うし、成長できると思う。

　だから、せっかく用意されている「ほんものの私になる」について考える時間を無駄にしないで、自分を知ることを大切にしていってほしい。

「書く力」　　　　　　　　　　　　　　　　　　　　　　　　　3年女子

「私の提言」

　私はこの３年間で、語彙力や書く力を身に付けた。３年間、何かある度に感想を書き、作文を書き、発表してまた感想を書く。１年生の時は、作文をいつも同じような構成で書いていた。何を書こうとしているのか分からない作文もあった。でも、３年生の感想や意見を聞ける機会があって、お手本にして書くことが増えた。全校で、学んだり感じたり、考えたりしてきた取組みを、今、私は誇りに思う。そして、今では意見や結論が明確な文章が書けるようになったことが自慢だ。

　在校生も、３年生になった時の自分の文章を楽しみに、たくさん文章を書いてほしい。

　私も、高校に進学しても、培った語彙力と書く力を武器に進んでいく。

「自分への誇り」　　　　　　　　　　　　　　　　　　　　　　　３年女子

　私は、他の人の意見を聞いて自分の考えを改めたり考え直したりすることができるから、全校で行う読後交流会や討論会が好きだ。そして、一番印象に残っている会が、「『ほんものの私になる』について語る会」だ。私は２年生の時に、人生の壁を逃げずに乗り越えることができれば「ほんものの私」になれる！と考えていた。しかし、語る会やいろいろな経験を通して、３年の頃には考えが変わった。「ほんものの私」とは、なるものではなく、常に追い求めるものだと考えるようになったのだ。私は、高校や大学、就職など、そのとき何をしていても、自分に満足して進歩を止めないようにする。

　そして、今の自分に誇りをもっているこの気持ちをもち続けていきたい。

「自分の弱さと向き合う」　　　　　　　　　　　　　　　　　　　３年男子

　学校生活の中で勉強やスポーツを通して自分の目標や夢が少しずつ見えてくるようになると、自分の目標を達成していくたびに「ほんものの私」に近づけるのだと思うようになった。それ以後、目標に向かって励む日々が続いたが、挫折や失敗を経験するたびに目標達成の難しさを感じ、自分の気持ちの弱さと向き合うことが嫌になってきた。

　だが、今は、自分の弱さを見つけてどう改善していくのかを考え、行動することが僕の課題だと考えている。３年間の様々な経験が自分の弱さを見つけてくれた。そして、それらに対応できる強い精神力を、「ほんものの私になる」が教えてくれた。高校での新しい生活を過ごしていくうえで、この３年間のように挫折や失敗がたくさんあると思う。何事にも挑戦し続けられるような気持ちを今後ももって前向きに生きていく。

コラム③

「語る会」前日の雰囲気

「『ほんものの私になるについて語る会』」の前日は、生徒たちも期待にあふれていました。写真は、当日の会の運営を担当した「ことばの教育実行委員」の生徒たちが前日に配布した資料です。

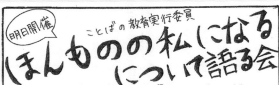

明日開催　ことばの教育実行委員
ほんものの私になるについて語る会

明日は、皆さんが考えてきた「ほんものの私になる」について語る会の本番です。

発言をする時の注意点

- 発言をするときは必ず学年、クラス、名前を言って下さい
- 発表者の意見を踏まえて言ってください
- 発言の最後には「以上です」と言って下さい（マスクを外して言うこと）
- 前の人の発言が終わったら挙手をして下さい
- 根拠をしっかりと述べて下さい（自信をもって！）
- 大きな声ではっきりと言って下さい

+α

- 他の人の発言をしっかりと聞き、自分の考えを深めて下さい
- 他の人の意見に関連づけることを心がけましょう

今年度の集大成となる会です
1人でも多くの人に発言をしてもらいたいです！
積極的に発言をし、考えを深めていきましょう

（平成28年12月16日）

第4章

ポートフォリオに見る生徒の変化

第4章　ポートフォリオに見る生徒の変化

ポートフォリオとは

- ワークシートと作文で自分の考えを視覚化する
- 「ポートフォリオ」の効果
- ワークシートや作文を書くタイミング
- 「ポートフォリオ」の保管と活用
- 「学ぶことの意味」が「学びに向かう力」に

　今まで何度か触れたように、大きな取組みのたびに生徒は自分の考えや感想等をワークシートや作文の形で文章化してきました。それを「ポートフォリオ」と呼び、一人ひとりが蓄積してきました。蓄積することで、生徒はいつでも自分の思考や学びを振り返り、気づきをもつことができます。

ワークシートと作文で自分の考えを視覚化する

　ポートフォリオとして蓄える資料は、それぞれの学習過程で記入したワークシート（主に自分の考え）や作文（主に感想・意見・提案）です。このように作文等を繰り返し書く理由は、考えて書くことが、すなわち「自己との対話」になるからです。また、自分の考えを視覚化することでメタ認知の力が育ち、自分自身の経験を客体化することができます。そして、「ポートフォリオ化」することで、自分の思考過程や自分自身の変容を見届けることができると考えています。

「ポートフォリオ」の効果

　ポートフォリオには次のような効果があります。
- 自分の学習の経緯を視覚的にたどる

ポートフォリオとは

- 過去の自分の文章や作品に愛着を感じ、懐かしむ
- 自分の思考過程や自分自身の変容に気づく
- 自分の成長を実感する
- 過去の自分自身を肯定的に振り返る

　このように、学習過程において蓄えた自分の文章等を読み返すことで、自分の考えの変化に気づくことができます。それは、生徒がいつでも自分の思考や学びを振り返るときの根拠となります。そして、自己内対話を繰り返すことで、自分の思考過程や自らの変容を見届け、自分自身を肯定的に価値づけることができるのです。加えて、自分の考えを少し離れた視点から見直すことができます。

　生徒は自分の「ポートフォリオ」を開くことで、自分自身の成長を確認したり、過去の自分を振り返ったりすることができます。最終的に「ポートフォリオ」は自分で作った、自分自身の未来を照らす指標となるのです。

ワークシートや作文を書くタイミング

　ワークシートは学習過程において何度も書き、自分の考えの変化を確認します。例えば、全校での意見交流会や討論会の前にワークシートに自分の考えを記入し、事後に感想やゲストティーチャーへの手紙などを書いたりします。また、それぞれの行事や活動は全て「ほんものの私になる」を目標として取り組むものであることを生徒に意識させるように、ワークシートや作文のタイトルを工夫しました。

　このように、「書くこと」を重視し、「ポートフォリオ」を蓄えることで、生徒が主体的に自分の考えを構築する仕組みを作ります。そのためにも、生徒全員が学習過程において1回でも書かないで済ませることがないよう、教員は生徒を励まします。1回でも、「書くこと」をあきらめると、それを機会に学習への意欲が低下し、自ら主体的に考える姿勢を保てなくなるからです。

85

第 4 章　ポートフォリオに見る生徒の変化

「ポートフォリオ」の保管と活用

　書き終わったワークシートや作文は、教員が目を通した後に「総合的な学習の時間」のファイルに綴じていきます（これが「ポートフォリオ」になります）。いろいろなファイルに分類すると、後で整理したりするのが大変ですし、長続きしません。数年後に、自分が読み返したい作文等がまとまって手元にあることが大事ですから、年代順・時間順に1冊に綴じていきます。

　生徒の「ポートフォリオ」は、教室の棚にクラス全員分をまとめて置き、いつでも見られるようにしておきます。

　また、学年末には、自分の「ポートフォリオ」を使って、1年間の振り返りをさせる時間をとります。加えて、毎年行われる意見発表会や読後交流会のときには、生徒は自発的に、昨年度（あるいは、一昨年度）の自分が何をどう書いていて、どうとらえていたのかを振り返ります。生徒が作文等を読み返すことで、過去の自分と出会い、懐かしくいとおしく思いながら、読み返している光景はとてもいいものです。

「学ぶことの意味」が「学びに向かう力」に

　繰り返しになりますが、3年間の学習活動が全て「ほんものの私になる」につながっていることの発見は、生徒にとって「学ぶことの意味」として腑に落ちます。これが「学びに向かう力」となって、主体的に学んだり、考えたりする意欲をぐんとアップさせます。

　3年間の学習を通して、生徒が作文等を書く行事を挙げたのが表4-1です。もちろん、その他にも、学級活動やその他の行事で、よりよく生きることを考える、つまり「ほんものの私になる」ことに関連した学習があれば、そのとき書いたものも全て1冊に綴じ込んでいきます。

　この後、実際に生徒が書いたポートフォリオの一部を紹介していきます。それぞれの変容をご覧いただけたらと思います。

ポートフォリオとは

表4-1　3年間で生徒が作文やワークシートを書く取組み（H26 ～ H28）

1年次 H26	① 全校意見発表会「より良く生きるために考える」
	② 全校読後交流会『くまとやまねこ』と作者講演会（湯本香樹実氏）
	③ 地域の大人とディスカッション（新聞記者になってインタビュー）
	④「言葉を考える」講演会と意見交流（金田一秀穂氏）
	⑤ 職場訪問（半日）
2年次 H27	⑥ 全校読後交流会『走れメロス』と講演会（新藤久典氏）
	⑦ ジャーナリスト講演会「メディアリテラシー」（下村健一氏）
	⑧ 全校意見発表会・意見交流会「より良く生きるために考える」
	⑨ 職場体験学習（5日間）
	⑩ 地域の大人とディスカッション（職場体験学習の報告会）
	⑪ 全校読後交流会『種をまく人』と翻訳者講演会（片岡しのぶ氏）
	⑫ 天文学者講演会「宇宙につながるいのち」（縣秀彦氏）
	⑬ 全校読後交流会『坊ちゃん』と講演会（原健太郎氏）
	⑭「大人になるとは」作文（冬休み）
	⑮ ⑭の作文をクラスで読み合い意見交流
	⑯ 立春式　講演会・討論会（井坂聡氏）
	⑰ 道徳授業地区公開講座「わが中学校」についての討論会
	⑱ 作文「ほんものの私になる－未来の私へ－」を書き、クラスで読み合う
3年次 H28	⑲ 地域の大人とディスカッション（卒業生と進路について語り合う）
	⑳ 全校意見発表会・意見交流会「より良く生きるために考える」
	㉑ 全校読後交流会『星の王子さま』と講演会（新藤久典氏）
	㉒ 道徳授業地区公開講座「よりよく生きる－私の考え－」講論会（学校運営協議会委員）
	㉓『『ほんものの私になる』について語る会」に向けて自分の考えを書く・クラス討論会
	㉔「ほんものの私になる」について地域の大人や保護者とディスカッション
	㉕『『ほんものの私になる』について語る会」講演会と全校討論会（西研氏）
	㉖「私の提言」を1、2年生に向け書く。各クラスで地域のゲストティーチャーへの発表
	㉗「私の提言」の1、2年生への発表と講演会（山口裕也氏）

87

第4章 ポートフォリオに見る生徒の変化

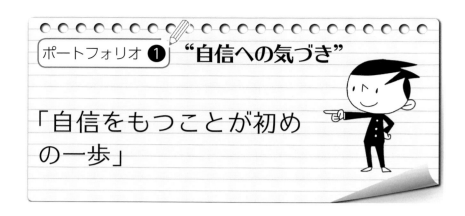

ポートフォリオ❶ "自信への気づき"

「自信をもつことが初めの一歩」

ここからは、3年間のポートフォリオと、中学3年生後半に行った個別面接から聞き取った生徒の言葉を資料として、生徒の変容を紹介します。

前出した**表4-1**のうち、2年次の⑭〜⑱、3年次の㉓〜㉗の作文は特に重視しています。理由は、2年生の後半から3年生修了までの期間は進路選択の時期でもあり、自分と向き合う機会が多く、「ほんものの私になる」についての考えも深まった3年間のまとめの時期であると考えているからです。

※作文の見出しの丸囲み数字は、**表4-1**に示した取組みの番号です。

例1 自己内対話を繰り返し、自己肯定感を獲得していった男子生徒Aさんの変容

自分に対する評価において、自分が判断したのでは、自己満足になりかねない。だからこそ、他者の評価が必要だと考え続けてきたが、3年間の中学校時代を経て、「自分の考えから出発していいのだ」という考えに変わった3年男子の作文です。

ポートフォリオ①

生徒の作文より

　2年生1月〈「大人になるとは」の皆の文章を読んでの感想〉⑭⑮

　「自分に認められるように頑張る」という意見があったが、僕はこの意見に反対だ。人間は、やはり自分を甘やかしてしまう。だからこそ、自分は頑張っていると認め、安心したいだけなのだ。**自分の評価とは、自分だけで決めることはできない。他人に評価され、周りに頼られる人材になることが大切なのではないだろうか。**

　2年生2月〈「立春式」講演会・意見交流会〉⑯

　受験1年前で、所属しているサッカーのクラブチームを、休もうかどうしようかと悩んでいた時期だった。その時期に、講演を聴いて、遠くのことより目の前のことを着実にこなしていくのが、今の自分に一番大事なことだと気付くことができた。**お話を聴き、何か吹っ切れたような気がした。うまくいかないことを嘆くよりも、自分でできることから始めることの大切さを実感した。**良い時期に講演を聞いたと思った。

　〈「ほんものの私になる」とはどういうことか〉2年生3月作文 ㉓

　「ほんものの私になる」というのも自分では決められないものだと考える。**自分で自分を評価することは難しい。**なぜなら、そこには必ず主観的な目が入ってきてしまうからだ。かと言って、**他人に評価されることで、本当に「ほんものの私になる」ということに近づいているのだろうか。僕はそれも違うと思う。だからこそ、自分で自分を客観的に見つめ直す目をもつことが大切だと僕は思う。**

　3年生12月〈「ほんものの私になる」講演会と全校討論会〉㉕

　客観視する視点を養わなければ、ただの自己満足にもなりかねないと考えていた。しかし、**講演から、まずは自己満足でもよいのではないか、自分に満足する、自信をもつことが初めの一歩なのだ**と考えるようになった。逆に初めから**第三者の目を気にしていては、自身の意見が委縮す**

89

第4章　ポートフォリオに見る生徒の変化

るばかりであるとも考えた。

　小学校の時からサッカー強豪チームに所属し、「ライバルは練習しているだろうか」「コーチは、僕を選手に選んでくれるだろうか」と、他人ばかりを気にしていた。つまり、自分から出発していなかったのだ。本当の自信がなかったのだ。**中学校に入って、「自分って何だろう」と考えるようになった**。周りと比較することが多くなり、自分の意見を客観的にみるようにした。主観的だと分からないことが多いと考え、そうならないようにとても注意した。しかし、**比較したり、他人の目を気にしたりしないで、〈自分自身がやり切ったと思えるぐらい、練習したり、勉強したりしてから、いろいろ考えればいい〉と思えたら、安心した。**

著者による解説

　客観的に見ることばかりにとらわれ、自分の気持ちや判断を置き去りにしていた自分に気づいた。自己評価の低さから、自信がもてずにいたが、自己肯定感をもてるようになった経緯をポートフォリオを読み返すことで、本人が認識した。「肯定的自己理解」を手に入れることによって、人からの評価が気になり始める少年期・青年期前期から抜け出した様子も手に取るようにわかる。現実を冷静に見る目をもつことができるようになったことも大きいと考える。

　「私の提言」の文章（79ページ「人間の本質」参照）では、現在の自分を肯定し、現在を立ち位置にして、将来の図を肯定的に描くことができている。また、将来の自分の姿と関連させて、現在の目標を立てている。3年間、過ごしてきた中学校生活にプライドをもち、自分の成長や現在の考え方を振り返り肯定的に価値づけていることが、未来への力となると考えられる。同時に、自分は何を学び、何を身につけたのかを明確に言うことができている。そして「人間の本質を見極めたい」と書いているように、青年期らしく「自

由とは何か」「勉強は何のためにするのか」という問いを真剣に考えてきたことを力強く振り返っている。「人間の本質を見極めたい」と言い、「社会」へと視野が広がり、社会との関連の中で、自己実現を図ろうとする意欲も感じられる。

「ほんものの私になる」を掲げて行った学習によって、自分に身についた能力と考え方の変化を論理的に価値づけた。そして、未来の自分の生き方を、冷静に見つめることができるようになった。希望と意欲に満ちた力強さが伝わってくる。

同じ傾向の生徒の作文（3年男子）を終えて ㉕

　僕は、これまで3年間「ほんものの私になる」について考えてきて、自分の考えには自信をもっている。今日のような会を通して、自分と違った意見を聞くことで、考えの幅は広がったと思うが、他の考えを受け入れられるのは、自分の考えに自信があるからだと思う。自分の考えを確立するまでには、他の考えも聞いて考えることが最適だと思う。自分の考えをもつにも、考えの幅を広げるにも、他の人の考えを聞いて、自分なりの解釈をすることが大切だ。僕は、1年のときも上級生の考えで、「なるほど」と思い、自分がいいと思う考えも、ころころ変わっていた。2年の終わりごろから、自分の考えることが同じになってきた。3年生の初めになると自分の考えが確立したという実感があった。作文を書いても、考えがあるからどんどん書けるようになった。読後交流会や意見発表会で、自分と違う考えを聞いても、自分の視点に落とし込むことができるようになった。書いた後も、文章を客観的に読み返すことができるようになり、一貫した内容となっていった。3年間の積み重ねだと思う。論理的に考え、人の考えを踏まえて、客観視することができるようになった。

第4章　ポートフォリオに見る生徒の変化

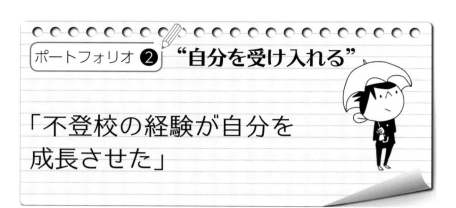

ポートフォリオ❷　"自分を受け入れる"

「不登校の経験が自分を成長させた」

例2　過去を振り返ることで今と未来を創造する意思をもてるようになった男子生徒Bさんの変容

　小学校では不登校で中学生になったのを機に登校するようになった生徒が、自分の過去を価値づけ、肯定できたことによって内側から自分を変えるきっかけとなった事例。また、「自分と向き合い、考え続けること」に価値を見いだした3年男子の作文です。

――――― 生徒の作文より ―――――

立春式　講演・討論会　⑯
　井坂さんの「夢はまだなくていいんです。大いに迷ってください」という言葉が印象に残り、少し心が軽くなった。もっとも印象に残ったのは、「何かやったら10のうち、9は失敗すると思った方がいい。でもあとの1で9が帳消しにできる」という言葉だ。僕はこの言葉を聞いて、勇気がでた。

92

ポートフォリオ②

「ほんものの私になる」について語る会の事前のワークシート ㉓

● 「ほんものの私になる」ために大切なことは？

本を読むことといろいろな経験をすること。経験を積んだり、知識を身につけたりすることを積み重ねることで、「**私を育てる**」こと。

● 「ほんものの私」に近づけたと思った経験は？

私の持論だと「**ほんものの私＝私がよくなることは、連続的に起きていて、今この１秒間にも少しずつ「ほんものの私」に近づいている。**

３年生12月〈「ほんものの私になる」講演会と全校討論会〉㉕

【討論会で、「『ほんものの私になる』は、自分で考えることで近づけるか、人との交流によって近づけるか」という論点の際に、発言した言葉】

人と関わることで得られることも大切だが、一人で考えることも大切だと思う。僕は小学校のときに不登校になったことがあり、そのとき一人で部屋にこもって考えたことが今の自分の成長に大きく関わっていると思っている。

３年生12月〈「ほんものの私になる」西研氏の講演会と全校討論会〉を終えてのワークシートより　㉕

今回の討論会は、いつもの読後交流会と違って、**一人一人の生き方に対する考え方について語るから、新鮮な感じがした**。小説だと、登場人物が架空の人物なので、想像を働かせて考えたが、今回は、一人一人個人についてなので、**いつもより難しかったが面白かった。**

また、生徒の質問に対して、**自分のダメなところをどうにかするには、ダメな自分の言い分を聞いてみるのがよいのではないかと西先生がおっしゃったのが面白いと思った**。色々考えられて、よい会になったと思う。

３年生３月〈「私の提言」発表〉㉗

「帰宅部の悩み」

中学校では、多くの人が部活動に入っている。部活動が中学校で最も楽しいことと言う人も多いと思う。そんな中、私は３年間、帰宅部であ

第4章　ポートフォリオに見る生徒の変化

った。部活動に入らなかった理由は、入りたい部活動がなかったからである。実に単純明快である。

　そのような訳で、帰宅部になったのだが、周りに思っていたよりも帰宅部が少ないことに、ある日、**気づいた**。また、周りに溢れている部活動の素晴らしさを表す言葉の多さにも**気づいた**。**この時から、私は、帰宅部ということに引け目を感じるようになった**。委員会などで遅く帰ったときの**部活動の生徒が、とても輝いて見えた**。**自分は「帰宅部だから」劣っているという意識さえ持つようになった**。**しかし、私が選んだ道だったので、しようがないと思っていた**。

　その気持ちは、**3年になって消えた**。**中学生というのは、悩む時期**だから、仕方なかったが、**いま思えば自意識過剰だった**。私は放課後の時間を使って、本を読み、いろいろ面白い知識を得ることができた。また、ニュースばかり見ていたせいで、公民に強くなった。**今、帰宅部で周りのキラキラに圧倒されている後輩の人たちに、帰宅部も優れてはいないが、劣っているわけではないと言いたい**。部活に入っている人には、つまらないテーマであるが、**悩んでいる人が一人はいると思うので、書かせていただいた**。

「私の提言」を終えての感想　㉗

　僕は、「ほんものの私」は、自分自身だけでなくて世界にあると思っている。世界中に自分の材料があるのだ。僕は「ほんものの私」だが、完結しているわけではない。自分の人生を生きていくうえで、僕はおそらくたくさんの経験をする。これらの**経験や知識、人との関わり合いなど**が「ほんものの私になる」の材料になると思う。本をたくさん読んでみたり、知らない土地に行ってみたりと、日常ではしないことにもヒントがあると思う。**だから、どんどん見聞を広めて、自分に納得のいく生き方をしたい**。

ポートフォリオ②

> ### 著者による解説

　小学校１年生の途中から６年生まで不登校だったが、中学生になったのを機に登校するようになったＢさん。家庭では、読書をしたり、独学で学習をしたりしていたと言う。主に、読書によって、自己内対話を通した深い学びを繰り返し、自分自身の感性や価値を自問自答している中で、彼の中に、価値と言葉がたまってきたことが、登校の契機となったと推測できる。自分の過去を価値づけ、肯定できたことによって、内側から自分を変えるきっかけとなったのだと考えられるからである。過去を肯定的に振り返ることで、将来に向かっても肯定的に自分の生き方を創ることができるのだと考える。

　また、読後交流会では、よく考えた意見を発言していた。多くの生徒の前で自分の意見を述べたことで、生徒や教職員、地域や保護者から「そういう考えもあるのか」と感心されたり、共感して受け入れられたりする経験を重ねることで、自分自身を受け入れ、自信がついていった過程も見逃せないところである。

　自分一人で考え抜いたことを肯定すると同時に、他者の存在へも興味が広がり、彼の精神世界が広がってきたことが、㉕や㉗の文章から伝わってくる。

同じ傾向の生徒の作文（中３女子）「語る会」を終えて　㉕

　「ほんものの私になる」という問いでは、自分と同じ考えをもっている人もいて自信がもてた。「ほんものの私になる」ことは、いつでも意識すべき問いであり、「人生とは何か」という問いにも関わってくるものだ。常に自分に問いかけ、自分を見つめ直し、あるいは、他人と関わる中で気づかされるなど、意見がたくさん出たが、結局は、自分との対話の重要性を物語っていると思う。私の「ほんものの私になる」＝「理想の私になる」という考えは変わることなく、揺るぎないものになったが、この語る会で、違う意見に耳を傾けられたのも大切なことだったと思う。

第４章　ポートフォリオに見る生徒の変化

ポートフォリオ ❸ "自分と向き合う"

「受験期に自分と向き合い、もっと輝ける私になりたいと思った」

例3 進路決定に向けて自分と向き合い、少しずつ自己理解や自己受容が進んできたことで、自分の課題に向き合えるようになった女子生徒Cさんの変容

　自己肯定感が低く、自分でも気づかないうちに自分を否定し、常に不安を抱えていた。しかし、受験を前にいよいよ自分と真正面から向き合わなければならなくなる。自分と向き合い、「やってみたい」と思うものを見つけたとき、素直に自分の課題に向き合えるようになった３年女子の作文です。

生徒の作文より

　２年生９月「より良く生きるために考える」全校意見発表会・意見交流会　⑧

　「ほんものの私」などはない。私は私だから。

　２年生２月立春式　講演会・討論会　⑯

　私はなりたいものが決まっていない。そのことを不安に思っていたが、お話を聞いて、たくさん迷っていいのだなと少し安心することができた。

誰かに言われたからとすぐあきらめるのではなく、最後まで、自分の意思を貫けるよう、強い心をもちたいと思った。

3年生10月「ほんものの私になる」討論会のためのワークシートを書く　㉓

●「ほんものの私になる」ために大切なことは？

何かの目標に向かって努力すること。頑張ることで、また何かを達成したくなって、そのために頑張るというように、常にやる気をもてるし、達成できなかったとしても、「自分はこれだけ頑張った」と思える。頑張ったら、「新しい自分」もたくさん見つけることができるから。受験期に自分と向き合うことで、自分に価値を見いだせない私も私ではあるが、もっと輝けるように目標に向かって努力することが、「ほんものの私になる」ことだと思うようになった。

●「ほんものの私」に近づけたと思った経験は？

自分の思いを作文を書いているときだ。中学校では、自分の意見を自由に書けた。何を書いても認められた。

3年生12月「ほんものの私になる」西研氏の講演会と全校討論会を終えてのワークシート　㉕

「良いと思える自分」をもつことは、大切だと改めて思った。「ほんものの私」について考える前までは、自分で自分のことを良いと思うなんて、ナルシストみたいで気持ち悪いと思っていた。けれど、3年間「ほんものの私になる」ためにはどうすればよいか、何が「ほんものの私」なのかを考えたことで、この考えは変わった。

ナルシストになることで、自分自身のよいところを増やしたいと思えるようになると思うし、自分の短所を改善するためには何ができるかを考えると思う。それには、自分の良さも悪さも、いっしょに考えることが大切だ。また、短所があるから駄目なのではなくて、短所があるから更に自分を良くすることができ、人間味が出てくるのだと思う。自分の

第4章 ポートフォリオに見る生徒の変化

良いところを見つけると、やりたいことがどんどん見つかる。自分らしさを追求することで、「ほんものの私」に近づいていけると感じた。

また、**自分ってどういう人間なのだろうと考えること**で、「ほんものの私」になり、輝いていける実感が湧くときがあった。

3年生3月〈「私の提言」 3年生から1、2年生へ〉㉖

3年間を振り返って、自分と向き合うことで、失敗やうしろめたいことがあることは誰にでもある。あのとき失敗したからこそ、頑張ろうとしていくべきだ。**完璧じゃないのが人間、隠したいことがあるのも人間らしさだと思う。何でもうまくいったら面白くないと思えたことが収穫**だった。**自分の短所や直すべきところを自分で認めないから、自分を認められなくなる。**プレッシャーばかり増えて、失敗したとき、立ち上がれなくなる。**「立ち上がらなければ、失敗する意味がない」**と、自分を**励ますことができるようになった。**

┌─────────────────────────────┐
│   著者による解説   │
└─────────────────────────────┘

　小学校高学年ごろから、大人に反発を感じながらも実際に反抗することもなく、不満足な気持ちで生活していた。一方、「こうあるべきだ」という思いで自分を縛り、自分と真剣に向き合ってこなかった。自分の意見を表出することがあまりなく、自由度が低いように感じていたという。このように自分自身に自信がないことを他の人への不満へと転換することは、小学校高学年から中学時代にかけてよくあることである。

　2年の初めに、「『ほんものの私』などはない。『私は私だから』」と書いている。それは、小学校の作文をいつも直されていた反発からくるものだと3年の終わりに自己分析している。自信をもつ場面も少なく自己肯定感も低いので、自分でも気づかないうちに自分を否定し、常に不安を抱えていた。

　しかし、立ち向かう現実（＝受験）を前に、いよいよ自分と真正面から向

き合わなければならなくなる。そこで、悩み、少しずつ自己理解ができたことで自分と向き合い、「やってみたい」と思うものを見つけたとき、「今の自分より、もっと輝ける『ほんものの私』になりたい」と強く思うようになった。少しずつ自己理解や自己受容が進んできたことで、素直に飾らないで自分の課題に向き合えるようになった。

特に思春期と言われる時代は、「原因をどこかに決めつけたとしても、何か納得がいかない。このままの気持ちで過ごしていいわけがない」と、本人もうすうす気づいているので、いつも不機嫌を抱えている状態の生徒はよく見かける。そんな気持ちが3年生を迎えるころから変わってくる。一歩、次元を変えて見渡すことで、新しい自分と出会える。自分の考えや思いに素直になり、もっと多くのことを感じたいと思えたことで、自立へ向かった過程がポートフォリオの記述からわかる。

同じ傾向の生徒の作文（中3女子）「私の提言」を書く　㉖

私は2年生のころ、今の私がほんものだと、考えた。

3年生になってからやってみたいと思うものを見つけた。しかし、それをするには目の前にある壁を乗り越えていくための思考と努力が必要となってしまった。私が到達したい場所へたどり着くには時間がかかる。その時間の使い方が最も重要だ。後で有意義だと思えるようにしなくてはならない。

そこで、最初の「ほんものの私になる」に対する答えを捨てなくてはならなかった。自分は、にせものとかほんものとか単純なものではなく複雑にできていると気づいた。今の私がほんものだと思ったら、それで満足してしまう。次に進む気力がなくなってしまう。それは自分にとってマイナスに働くかもしれない。高校生になる前に、自分を真正面から見つめ、努力の方法を考える必要がある。

「ほんものの私になる」の答えは分からなくてもよいと思う。単なる自己満足かもしれない。そうだとしても、上手く自分に利用できれば、考える意義が生まれると思う。

第4章　ポートフォリオに見る生徒の変化

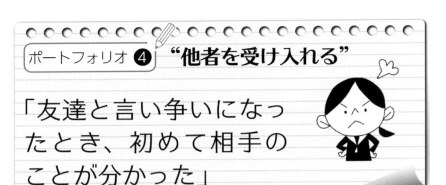

ポートフォリオ❹　"他者を受け入れる"

「友達と言い争いになったとき、初めて相手のことが分かった」

例4　リーダーとなって他者を受け入れ、他者との距離の取り方がわかったことで、自立へつながった女子生徒Dさんの変容

　部活動の部長。悩んだときに勇気を出して部員との話し合いの時を設け、本当の気持ちを理解し合うことができたと同時に、自分と同じ考えの人ばかりではないと気づくことができたという事例。人との関わりにおいて、大きな成長をした様子がわかる3年女子の作文です。

生徒の作文より

2年生冬休み〈大人になるとは〉作文　⑭
　しかし、大人になるまでに何が起こるか分からない。性格だって変わってしまうかもしれない。だけど私はいつも思っている「相手の気持ちを考えられる人」だけは大人になっても忘れないようにしたい。

2年生1月〈大人になるとは〉の皆の文章を読んでの感想　⑮
　大人になるということは、簡単にすぐできることではない。今、学んだことを生かしたり、もっと深く考えていく。

ポートフォリオ④

2年生2月〈立春式の講演を聴いての感想〉⑯

目標は決まっていても、本当にそんな大人になれるか分からない。つらいことがあっても最後まで頑張ろうとするやる気は大人になっていくうえで大切にしていこうと思った。また、自分の考えだが、必ず、感謝の気持ちをもって生活していこうとも、今日の話を聞いていて思った。

3年生10月「ほんものの私になる」について語る会の事前のワークシート ㉓

●「ほんものの私」に近づけたと思った経験は?

友達とけんかした時、「ほんものの私」に近づけたと思った。まだ一度もけんかしたことのない友達と言い争いになった。でも、その時、私がまだ出会ったことのない友達の本当の姿が分かったり、また自分も思っていることを相手に伝えたので、相手にもまだ出会ったことのない自分に出会ってもらえたと思う。その体験があったからこそ、私ももっと相手を知ろうと思ったし、また、自分自身も見つめ直すことができた。

●「ほんものの私になる」ために大切なことは?

自分を見つめ直す時間をつくる。「ほんものの私」になるためには、まず自分自身を知ることが大切だと思う。自分の長所、短所をわかることが「ほんものの私」になるための一歩となると思うから。

3年生12月〈「ほんものの私になる」西研氏の講演会と全校討論会〉㉕

私は、3年間、読後交流会や意見発表会で、他の人が考える「ほんものの私になる」についての発表を聴くことを楽しみにしてきた。そして、私が今、考えた「ほんものの私になる」は、汚い部分や嫌な部分がある嫌われそうになる私だと思う。前まで、私は「ほんものの私」はきれいなものだと思っていたけど、実際、キレイな人でいるのはつらいと思ったからだ。それに気がつくととても気持ちが楽になった。でもそれが、自分の全てだとは決めていないので、卒業してからもこれからも考えていきたいと思う。

101

第4章　ポートフォリオに見る生徒の変化

3年生3月卒業前の校長面談で語ったこと　㉗

　2年生で陸上部の部長になって、みんなから頼られる存在になったことが大きかった。部長になるまでは、自分のタイムばかり気にしていればよかった。でも、部長は、自分の意思だけで進められない。ライバルにタイムも抜かされたり、部長としてまとめるように先生からも言われたりと新しいストレスの連続だった。皆も自分が部長であることをどう思っているかが不安で、家でよく泣いていた。自分が新入生のときの部長のように憧れられる存在になれるか不安でいっぱいだった。部長は真面目でなんでもできる存在でなければならないと思った。

　下級生が言うことを聴かないときなど、同級生や後輩が声掛けをしてくれた時、また、呼びかけに対して返事をしてくれた時うれしかった。支えがあって成長できた。部長が言っているのだから聞こうと言ってくれた。部員と真剣に話し合って、考えを知る経験が大事だと分かった。それからは、いい子ぶっていることをやめた。自分で「これをしたときはよかった」「こういう悪いことをした」と気づき、直していく。相手も知らない自分を見て欲しいと思えるようになった。当たり前の日常的なことができていたら基礎はしっかりする。そこから積み上げていったら、ほんものの私になれると思う。「ほんものの私になるについて語る会」での、皆の意見を聞いて、汚いところも自分だと確信できた。悪いところは直すけど、きれいだけでもつらい。両方ある方が「ほんものの私」だと思えたことが、新しい視点で事実を見るために助かった。

著者による解説

　リーダーとして人をまとめる立場に立ったとき、ずいぶん悩んだというDさん。勇気を出して部員との話し合いの時を設け、真剣に自分の考えを話し、聞くことで、噂だけでなく、こう思っているという本当の気持ちを理解し合

うことができた。話し合う中で、相手の見たことのない姿に出会えるし、ため込んでいたことをはき出したとき、自分でも気づいていない自分に気づかされたという。そして、それ以降は、こそこそ陰口を言われても、「いろいろな子がいるな」と思えるようになる。率直に意見を言い合うことによって、「自分の気持ちは伝えた。これからも、食い違いがあったら、話し合いの場を設けて、自分の言葉で伝えればいい」という安心感と自分への自信ができたのだと考えられる。

　同時に、自分と同じ考えの人ばかりはいないこと、意見が違って当然であることに気づくことができた。その気づきにより、「仲良しグループ」でいることが重要なのではなく、共に励む目的を共有すること、そのために努力し合う仲間であることの視点を獲得したのである。

　人との関わりにおいて、大きな成長をした様子がわかる。

同じ傾向の生徒の作文（中３女子）「私の提言」を書く　㉖

　部活動で考えを言い合ったこと・存在を認め合ったこと

　２年生の終わり頃、部活動の人間関係で、不満や不信が渦巻いたとき、コーチが、会を設けてくれた。「この会では、何を言ってもいい。しかし、この会以外では言ってはいけない」と言われた。そして、「あなたのこういうところが嫌だ」とはっきり言い合った。部活でマネージャーをやっていたのだが、２年生の冬休みに怪我をして、他の人と一緒にできないことに自分自身もいらいらした。練習（プレイ）ができなくても、一緒にできることがあったのに私はやらなかった。だから批判もされ、信頼を取り戻すためにはどうしたらいいか悩んでいた。そんな時、言いたいことを言い合える場があって、結局、みんなが部活動を大事に思っているから言い合うのだということが分かった。

　笑って卒業したいし、仲良くやっていきたいから、みんなこの場で言い合った。それぞれの人で、考え方は違うけれど、強いチームになりたい、勝ちたいという思いを同じであることが分かったから、仲良くなれた。違う考えを受け入れてはいないが、その存在は受け止めることができるようになった。

第4章　ポートフォリオに見る生徒の変化

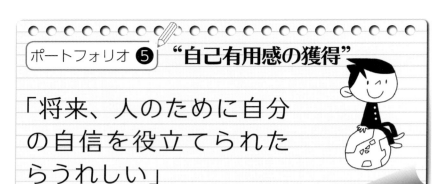

ポートフォリオ❺　"自己有用感の獲得"

「将来、人のために自分の自信を役立てられたらうれしい」

例5 他者との関わりによって自己有用感を獲得した男子生徒Eさんの変容

　「集団」が「個」を育て、「個」の成長が質の高い「集団」を作る過程において、生徒が「社会」を意識していく様子がわかる事例。「勉強や部活で蓄えた自信を人のために役立てられるとよい。将来、人のために自分の自信を役立てたい」という社会的な視点をもてた3年男子の作文です。

生徒の作文より

　2年生冬休み〈大人になるとは〉⑭
　大人になるということは一つ一つの行動に責任をもたなければならなくなることだと思う。**今までは何か問題を起こしても親が解決したり、解決するための助言をしてくれたりしていた**。しかし、大人になると全ての問題を自分一人で解決するようになる。…このことから、**僕は自分の行動に責任をもち、人のために行動を起こせるような大人になりたい**。
　2年生1月〈大人になるとは〉の皆の文章を読んでの感想　⑮

このようなたくさんの意見が集まっているのが社会なのだと思った。

2年生2月立春式講演会・討論会〈立春式の講演を聴いての感想〉⑯

井坂先生のお話の中で特に印象に残ったのは、やっていて楽しいことは辛くても続けられるということだ。今、部活をやっていて、時にはつらい、苦しいと思うこともある。しかし、そんなときこそ、自分の目標を思い出し、楽しみながら部活をしようと思った。

お話を聞いて、「ほんものの私になる」ということについて、さまざまな視点から見ることができるということが分かった。

私は、1年生の頃は、A＝Bの性格だった。死んでしまったときの私が、「ほんものの私」だと思っていた。意見発表会や読後交流会を重ねていくうちに、「ほんものの私」は、みんな違う。自分の言っていることも決めつけなくていいと思った。

2年生3月作文「ほんものの私になる－未来の私へ－」を書き、クラスで読み合う　⑱

僕は、元々「大人になる」「ほんものの私になる」ということは、自分の行動に責任をもち、人のために行動できるようになることだと思っていた。しかし道徳授業地区公開講座や立春式を終えて、さまざまな新しい考えが生まれた。それまで僕は、「ほんものの私になる」とは大人になるということだと思っていたが、常に模索し続けていくという新しい視点を得た。

3年生10月「『ほんものの私になる』について語り合う会」に向けて自分の考えを書く・クラス討論会　㉓

●「ほんものの私」に近づけたと思った経験は？

私は、スポーツが大好きで、スポーツをしているとき、ありのままの自分でいられる。楽しいと思うことを大事に続けて、「ほんものの私」に迫りたい。

●「ほんものの私になる」ために大切なことは？

第４章　ポートフォリオに見る生徒の変化

　柔軟な発想をもつこと。柔軟な発想を持てば、一つの事にとらわれずにたくさんのことが学べると思う。そうしていくことで一つの事から多くの知識を得て「ほんものの私」に近づいていくことができると思う。逆に、一つのことで、「これが、ほんものの私」と決めつけるとそのことにとらわれてしまう。例えば、友達が怒っていたとして、怒っているのは誰かが何かをしたからではなくて、友達の心の中に何かあったかなと思ってみる。一つのことを決めつけるともったいない話だ。拘らないで、なるべく客観的に見るようにしている。

　3年生12月全校「『ほんものの私になる』について語り合う会」討論会と講演会〉㉕

　「ほんものの私」というものには答えがないということを改めて考えさせられた。僕は、今まで「ほんものの私」というものには、いつか答えが出るものだと思っていた。しかし、会を重ねていくごとに「ほんものの私」というものが、どんどん遠のいていくように感じられた。だが、それがとても面白く感じられた。「ほんものの私」というものに答えがないということは、考え方は無限にあるということだ。僕は、その無限にある考え方を多く知って、自分に吸収したい。そして、自分の中の世界をもっと大きくしていきたい。

　西先生の話の中で、日常生活のいろいろな所から考えをもち、魂で感じるという言葉があった。自分は今まで自分の考えや感じたことに素直になれずにいた。しかし、これからは自分の考え方などに素直になり、もっと多くのことを感じていきたいと思う。

　3年生12月〈「ほんものの私になる」西研氏の講演会と全校討論会〉を終えてのワークシートより　㉕

　3年間、みんなの文章を読んだり、意見を聴いたりすることで、人それぞれの考え方があることが分かった。社会は、その考えがより集まってできている。それぞれがそれぞれの思いで行動するから、社会はたく

ポートフォリオ⑤

さんの考えでできているのだ。

そして、勉強や部活で蓄えた自信を人のために役立てられるとよいということが一番印象に残った。僕は今、その自信を蓄えている真っ最中だから、まだそれを人のために役立てることまでは考えられていなかった。だから、将来、自信を十分蓄えられたそのときには、人のために自分の自信を役立てられればうれしい。

著者による解説

対話することを通じて「他者による自己受容」・「自己による他者受容」を体感してきたようだ。「集団」が「個」を育て、「個」の成長が質の高い「集団」を作る過程において、それを楽しみ、生徒が「社会」を意識していく様子がわかる。一番大きい気づきは、「勉強や部活で蓄えた自信を人のために役立てられるとよい。将来、自信を十分蓄えられたそのときには、人のために自分の自信を役立てられればうれしい」という自己有用感の視点を新たにもてたことだと言える。

同じ傾向の生徒の作文（中３男子）「語る会」を終えて ㉕

語る会での意見を聴き、今日やっと自分の意見とつながった。それは、広い視野をもつということ。前々から大事なことだと思っていたが、代表発表者の「他人が本当の自分を引き出す」という言葉を聞いて確信した。それは、自分と他人がお互いに高め合うことが「ほんものの私になる」ために必要だということだ。だが、他人のことにまで目を向けられるようになるには、自分がよりよい自分になるために自分のことだけにとらわれないようにしていこうと思った。

107

コラム④

コラム 4

保護者や地域も参加した合同討論会

　２学期の放課後、さまざまな立場の 70 名が参加して、「ほんものの私になる」について語り合う討論会を開きました。

　目的は、目指す人間像「ほんものの私になる」について率直に語り合うことで、新たな気づきをもったり、自分の考えを深めたりするとともに、当事者意識をもって学校づくりに参画している誇りや一体感を感じることです。

　参加者は、本校生徒 25 名、保護者 22 名、地域の方 13 名、教職員 10 名でした。以下は、当日提示した論点です。

生徒・保護者・地域・教員の懇談会担当の先生方へ

１．「ほんものの私」とは、どんなものだと、現時点で考えていますか。
　ざっくばらんに思っていることを出し合ってください。
　「ほんものの私になる」ために、＜何が必要だと考えるか＞という視点でも構いません。

２．「ほんものの私になる」の表の言葉について、これらの言葉以外にもこんな言葉も入れたらどうかというものを考えてみてください。

　話し合いは構成メンバーが均等になるように、7 班に分けて行いました。ここでは、合同討論会で出された保護者や地域の方の発言を紹介します。

＜保護者から＞

・子どもたちは、「ほんものの私になる」を考え続けている僕たちはすごい！」と誇りをもっている。話し合いでは、自分はこう思うと積極的に言うし、誰の意見も尊重している。自分の息子は受動態だったが、自発的になった。外の人にたくさん会い、触れることで変わったのかなと思った。

・親として、子どもとのやりとりの中で、これでよかったのか、悩むときもある。そんなとき「ほんものの私とは？」と自分に問いかけている。年代問わず探し求めていくものである。「ほんものの私になる」につ

108

いて兄弟や家族でも話し合っている。物事の真理をきちんと見極められる目をもち続けてほしい。
・その時その時の「ほんものの私になる」を見つけて解決していける。いろいろな角度からアプローチができて、私を励ましてくれる言葉
・校長先生が、この言葉で生徒全員が伸びていける力をもっていると信じて、皆に投げかけてくれた言葉だ。こんなふうに考える機会が自分の中学時代にはなかったからうらやましい。こういう機会があるか、ないかでその後の人生の過ごし方が変わると思う。卒業してからも、壁にぶつかった時に「ほんものの私になる」という問いかけができる。
・考え続けた結果、自分を受け入れることができるようになる。1年生のときは、考える視点がまっ直ぐだが、2,3年では複雑になる。そして「ほんものの私」になれない自分も認めて、自己肯定することができるようになるのが、討論会を聞いていてもよくわかる。

＜地域の方から＞
・こんなすてきな言葉を学校のテーマにする学校は、子どもの心を育てることを目標にしているのだと思った。あるがままの自分に気づき、いまの自分から出発するという根本に戻れる言葉だと思う。
・生徒が、一つのテーマに真剣に取り組む姿、深く考え、意見をまとめて表現する姿に、大人も励まされる。自分の言葉で表明できることが「ほんものの私になる」に近づくことだと思う。
・井荻中は、読書と言っても、それを input だけにするのではなく、output させている。それで子どもたちはより「ほんものの私」になっていくのだと思う。意見交換する中で、独りよがりにならず、言葉を伝えることが「ほんものの私になる」を考えるときに大切だ。
・悩んだとき、これでよかったか？と考えるときの道しるべとなる。うまくいかないときに自問自答し、自分を励まし、立ち上がらせてくれる言葉だ。
・何か決めるときに、付和雷同するのでなく、自ら考えて、あえて反対意見を言ってみる。そうやってより良い意見を作り上げる、それが「ほんものの私になる」ための1つの方法と思う。

コラム⑤

コラム 5

学年による違い
〜アンケート結果から〜

　本実践の合間に、「ほんものの私になる」の取組みについて、どのような姿勢で取り組んでいるか生徒たちに尋ねるアンケートを実施しました。その後、アンケートの結果を各クラスにフィードバックし、気づいたことをクラスごとに出し合いました。

　以下は、2年生のあるクラスがまとめたコメントです。

【全学年で共通している姿勢】
・「ほんものの私」とは何かを考え続けること
・自分がどうなりたいかと考えることが大事だということ
・素直に、プラスにとらえること
・挑戦すること、失敗を次に生かすという心意気
・客観的に見ること。自分の長所と短所を受け止めること
・自分の限界にチャレンジし、困難を乗り越えること
・人の考えと自分の考えを合わせて、より良いものを作り上げたい

【学年によって違いがあるところ】
・1年生は、チャレンジする年。自分の身の回りのことについて考えている人が多く、行動から自分を見つめ直そうとしている。
・2年生は継続の年。自分の経験を元に動く（1人でも）人が多い。自分の内側から自分を見つめ直している。
・3年生は3年間で培った力を発揮する年。広い視野で、将来につなげた考え方をしていることが感じられる。いまの自分を全て受け入れられなくても、これからの自分を認め、よくしていこうと努力をしている。大人に近づいている感じがする。

等、学年によってその姿勢が変化している様子が表れています。

第5章

哲学・対話する
キャリア教育の
成果と課題

第5章　哲学・対話するキャリア教育の成果と課題

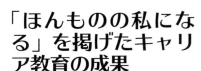

「ほんものの私になる」を掲げたキャリア教育の成果

● 成果と考察
● 今後の課題
● 哲学・対話するキャリア教育実践上のQ&A

　第5章では、目指す生徒像「ほんものの私になる」を掲げて実施した一連のキャリア教育の成果（生徒ができるようになったこと・学校の変化など）を挙げて考察します。中学校におけるキャリア教育の目標「肯定的自己理解と自己有用感の獲得」「興味・関心等に基づく勤労観・職業観の形成」「進路計画の立案と暫定的選択」「生き方や進路に関する現実的探索」を概ね達成できたと考えています。

成果と考察

（1）自己や他者を承認し、存在価値を受け止められるようになった

　書くことや意見交流等を通して自己や他者との対話をもつことで、価値を揺さぶり合う経験を積み、自分とともに他者の存在や価値を受け止め、自己の成長を肯定的に振り返ることができた。また、求める課題を共有することで、自己も他者から承認される場を多く設定することができた。それが、相互承認の実感をともなう経験を積むことになり、「よりよく生きる」＝「ほんものの私」を考え続け、求め続けることの循環につながっていった。

（2）学習サイクルを意識し、主体的に学習に向かうようになった

　各教科・総合的な学習の時間等、すべての教育活動において、自己との対

話、他者との対話、世界との対話を繰り返し行い、また自分の経験を通して、絶えず考えを再構成していくという学習のサイクルを作ることができた。さらに、【個→集団（グループ）→個→集団（学級）→個→集団（学年・学校）→個】のスパイラルな学習過程を繰り返すことで、生徒が見通しをもって主体的に学習過程を組み立て、学習の到達目標を自覚し、学習過程を振り返り、課題を把握し、次の学習目標をもつことができるようになった。

（3）日常的に活発に意見を言えるような土壌が学校にできた

「正解は一つではない」というスローガンのもと、活発な意見交流ができるようになった。それが、日常生活にも応用され始めている。つまり「まずは友達の話を聞こう」「自分と同じ考えの人ばかりはいない」という感覚が日常にも根づいてきている。人の意見を聞いてみたい、自分も発言をすれば聞いてもらえる、だから発言をしようという循環ができ、互いを信じて活発に発言するようになった。その繰り返しにより、自分の考えをもつことの楽しさ、考えの構築の仕方を手に入れつつある。また、学校の一体感も生まれ、生徒も教職員も保護者・地域も自校の誇りを口にするようになった。

（4）失敗しても自分で気持ちを立て直せるようになった

年間を通して「ほんものの私になる」に関連する行事を行い、全方向的に生徒が考え続けるようなカリキュラムを組んだことで、生徒自身も自分の成長を確認することができた。また、「ほんものの私は求め続けるもので終わりがない」という考え方が浸透したせいか、失敗したり、うまくいかなかったりすることに直面したときに、また仕切り直して頑張るという気持ちの立て直しができるようになった。

なお、3年生になると、「ほんものの私になる」という言葉を俄然、自分のこととしてとらえ、自分が頑張る指針とし始める。入試や進路選択に直面して、自分と向き合う時期となるからであろう。加えて、入学したばかりの1年生は、入学当初から「ほんものの私になる」を意識していて、「新入生になって」という作文にも、「ほんものの私になる」についての自分の感想

や決意を書いている生徒が複数いた。

（5）過去の自分・現在の自分を肯定し、未来への展望が広がった

　ポートフォリオによる積み重ねにより視覚的に自分の成長がわかり、過去の自分を振り返ることで肯定的に自己理解をし、価値づけることにつながった。また、卒業時にはポートフォリオで3年間の自分と対話をし、よりよい将来を設計しようとする気持ちが高まった。現在の自分を肯定することで、社会的な視点・未来への展望と視野が広がっていったことは、キャリア教育の観点からは非常に有効であった。

＜参考＞杉並区「特定の課題に対する調査」よりH26年～H28年の経年変化

〈今の自分を好きと言える〉

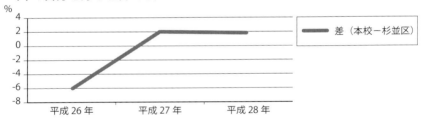

〈社会で問題になっていることに、自分の考えをもっている〉

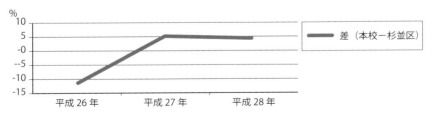

（6）多様なモデルとの出会いから、視野や考えを広げることができた

　「ほんもの」との出会いを重視し、作家やジャーナリスト、知識人等の講演を聞く機会や、「地域の大人とディスカッション」と題し地域の人と語り

合う機会を設けることで、多様な生きるモデルに出会うことができた。大人たちとの対話を通して視野が広がったり、「ほんものの私」について考えを広げたりすることができた。また、これらの行事前後にワークシートや作文を書くことで、自分の変容・成長を自分自身で見届けることができた。

（7）真面目に考え抜くことを認め合い、たたえ合うような風土ができた

　生徒たちは、語り合うこと、考え続けることに価値を見いだし、考えている自分、意見交換を保障する空間である学校を誇りに感じるようになった。それは、全校で組んでいることにも起因している。年齢を超えて互いの発言を真剣に聞く仲間がいる、悩んでいるのは自分だけではないのだという新しい気づきは自己肯定感や充実感、達成感をもたらし、勇気へとつながったと考えられる。全校に試行錯誤する仲間がいることや、失敗を共有してもよい安心感は立ち上がる勇気につながり、「失敗しても、ここで終わりじゃない」と話す生徒も見られるようになった。

　真面目に考え抜くことを認め合い、讃え合うことが学校の風土となり、文化になった。

〈自分と違う意見や気持ちも大切にしている〉

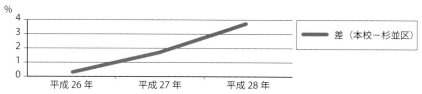

（8）学びがつながり、日常生活や教科にも活き始めた

　多様な対話を繰り返す中で、「単に知っているという知識」は、「生きて働く知識」、すなわち人生を支える糧としてそれぞれの生徒の中に定着し始めた。例えば、「意見文を書くときは、『もっとも』『たしかに』というように、他者の意見を考慮する言葉を討論会の発表の際に活かしてみた。それから、日常生活でも友達同士の会話のときに、まず人の話を聞いてみるようになっ

第5章　哲学・対話するキャリア教育の成果と課題

た」と報告する生徒がいる。あるいは、「『発表のとき、前の人の意見とつなげて、自分の意見を言いなさい』と先生からいつも言われるので、自分の中で意見を組み立てるときも、つながりを意識していったら、ばらばらだった自分の考えがつながり、考えに筋道ができた」と満足そうに報告する生徒もいた。さらに、全国学力・学習状況調査の国語・数学における「問題B（主として『活用』に関する問題）」においても、国の平均より15ポイントほど上回った。

（9）「学びに向かう力」や主体的に取り組む姿が見られるようになった

あらゆる教育活動に、主体的かつ真剣に、プロセスを大事に取り組む姿が見られるようになった。また、よりよい人生を主体的に設計しようとする気持ちが育ち、高校入試や進路選択に直面したときも、逃げずに自分と向き合いながら「困難や未知の状況にも対応できる考え方（思考力・判断力・表現

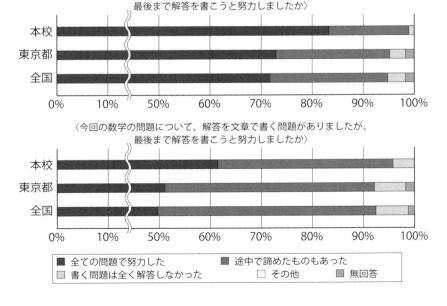

＜参考＞ H28年度全国「学力・学習状況調査」より

力等）」や「学びに向かう力」を発揮していると感じた。実際に、自分のしたいこと、自分らしさを第一の基準として主体的に進路選択した生徒も多く、進路先はバラエティーに富んでいる。

（10）よりよい生き方を選択していこうという意欲が高まった

「世界中に自分の材料がある。自分の人生を生きていく上での経験や知識、人との関わり合いなどが、私を作る材料になる。『ほんものの私になる』の答えを３年間で見つけることが目的ではなく、考え続けることが目的であったのだ。つまり、中学校だけでなく、高校生や大学生、社会人になったときでも探し続ける目標なのだ」

この生徒の作文からは、今後も自分の生きる指針として「ほんものの私」を求め続けたいという意欲が表れている。これは、よりよく生きることについて３年間真剣に考えた成果である。自分自身を信頼し、未来を信じる力強さがある。それは、卒業後も自分の夢や目標に向かって努力している卒業生の姿からも感じ取ることができた。

（11）学校の意思決定に参画したいという当事者意識が芽生えた

「ほんものの私になる」をテーマとした合同討論会では、生徒も教師も地域・保護者も「共に学ぶ者・成長する者」として、時間と空間を共有している心地よさを味わった。同時に、生徒には、自分たちはよりよい学校を作る一員であるという当事者意識が芽生えた。

今後の課題

キャリア教育の視点でもう一度カリキュラムを点検し、さらに生徒の可能性と選択の幅を広げることです。

117

第5章　哲学・対話するキャリア教育の成果と課題

哲学・対話するキャリア教育実践上のQ＆A

　最後に、中学生が全校または学年や学級でこのキャリア教育に取り組む場合のポイントについて、Q＆A形式でまとめました。

Q１　私の学校でも同じ取組みをしたいと思いますが、中学生が率直に語り合うためのポイントは何でしょうか。
A：取組みの「方法」に加えて「在り方」（スタンス）も重要です。
- 生徒も教師も地域も、「共に学ぶ者・求める者」として集うこと
- 何を話しても認められる空間を教師から作ること
- 意見を語り合うことに「浸り合う」こと
- 語り合うことによる一体感を味わうこと
- 他者の存在を受け止め、認めること
- 「私にもいいところがある」と自己を肯定的に受け止め、理解すること

Q２　「ほんものの私になる」と同じような別のテーマを設定してみたいと思います。どんなことに気をつければよいでしょうか。
A：共に考え続け、自由に語り合えるようなテーマであることです。
- 各人の成長に合わせてその言葉自体が成長し、多様な意味を与えられるような言葉
- つまずいたときや苦しいことに直面したとき、支えとなり、個人の生き方の軸となるような言葉
- 立場や年齢等が違っても、真剣に考える者同士で共に語り合える、包容力の豊かな言葉

Q３　「価値を共有する空間（＝文化）」を作るために必要なことは何ですか。
A：生徒も、教師も、保護者も、地域の人も、同じ土俵で考えることを楽しむ雰囲気を作ることです。
- 互いの意見を尊重することを心地よく思える集団であること

118

哲学・対話するキャリア教育実践上のQ＆A

- 共に考え続けていることの価値や意義に気づき、誇りに思うこと
- 互いの価値を認め合うことで共有する空間や文化を拡張させていくこと
- 共にいる場や文化を成長させていくのは、自分たちであるという当事者意識をもつこと

Q4　まずは、学級で「対話」する学習活動を取り入れたいと思います。その上で大切なことは何ですか。

A：多様な「対話」を繰り返すことです。

- 多様な対話（自己との対話・他者との対話・世界との対話）を通して、自分の考えを形成すること
- 自分の意見を発表することの喜びを知ること（体験すること）
- 自分の考えと比較しながら聞くことの楽しさを知ること（体験すること）
- 他者の意見に対して自分の考えを発言することで連鎖（つながり）を実感すること
- 自分の考えが、「対話」によって変化したり、深まったりするワクワク感を味わうこと

Q5　書くことを繰り返すことの効果は「自己との対話」以外にもありますか。

A：自分の考えを人にわかりやすく伝える工夫をすることで、生徒は「論理性」を身につけます。

- 自問自答しながら書くことによって自分の考えを表現する言葉をもつようになります
- 自分の考えを吟味することで、言葉として定着します。
- 相手に伝えようとする中で、「私の論理（筋道）」をもてるようになります
- 多様な対話を通して、必ず振り返り、自分の考えを確かなものにしていくこと（自分の論理を構築すること）ができます

教員座談会

「哲学・対話するキャリア教育」に携わった
教員たちによる座談会

教員たちの受け止め方

——先生方は校長からこの取組みの提案があった当初どんなふうに受け止め、どのようにとらえていましたか？

坂口：私は数学科なので、ゴールまでのプロセスを考え、道を選択しな

赤荻千恵子
杉並区立井荻中学校で校長になった2年目から「ほんものの私になる」をテーマにした哲学・対話するキャリア教育を実践。本書の著者。現在は別の中学校で校長をしている。

坂口政治
赤荻校長と同時期に井荻中学校に着任。研究主任の立場でキャリア教育の体系づくりなど教員集団の核となってこの実践を作り上げた。現在は別の中学校で数学を教えている。

齋藤恭子

「ほんものの私になる」の最後の2年間、井荻中学校に勤務。1年目は担任として、2年目は研究主任として携わる。現在は別の中学校で英語を教えている。

福田実枝子

井荻中学校に非常勤教員として勤務。生徒一人ひとりが自分の考えをもち、話し合いによってそれを深めていく国語の授業を実践していた。現在は短大の非常勤講師。

がら解いていくという方法が「ほんものの私になる」の取組みと重なるところがあり、わりとすぐに理解できました。「ほんものの私になる」というのが一応ゴールなんですよね。ただ、ゴールは1つではなく、他の人の意見を聞いて変わることがあってもいい。進む道が変わることはむしろゴールに近づいている。そこが数学とは異なる点ですね。取り組む中で、実践はゴールが見えない状態で生徒に考えさせることに意味があるのだとわかりました。

福田：「つかみどころがない言葉」、初めはそう感じていました。それが、子どもたちと取り組むうちに私自身も馴染んできました。「主体的・対話的で深い学び」ってよく言われていますけれども、授業の時間だけでなく、生徒たちは絶えず考え、正解の見えない問いに挑み続けていましたね。「一番考える時期に考える」よい取組みだと感じていました。

齋藤：他の学校から赴任したときに「ほんものの私になる」と達筆な文字で書かれたものが玄関にあって、それがはじめの衝撃でした。まずは私自身が「ほんものって何だろう」という問いと向き合いながら、何とか行事をこなすだけ。研修主任になって校長先生とお話しすることが多くなり、子どもたちと何をするのかがやっとわかり始めました。

思い出に残っている生徒・出来事

——この取組みに関して、思い出に残っている生徒や出来事はありますか？

齋藤：担任をしていたFさんです。「ほんものの私になる」について作文するとき、「何で書かなきゃいけないの？」と初めは乗り気ではない様子だったんですが、最後に「こうやって考えて書こうとしている自分ができたのは『ほんものの私になる』のおかげではないか」と自分を振り返って書いたのを見たとき感動しました。今もいろんなことを頑張っていると聞きます。

坂口：本文にも出てきたB君ですね（92ページ参照）。小学校のときに不登校だったんですけれども、私がびっくりしたのは、全校生徒の前で「僕は小学校のときは不登校で〜」って話し始めたときです。でも、彼が発表をしても他の生徒はまったくどよめいたりしないんです。「あ、そうだったんだー」くらいの感じでみんな彼の発表に耳を傾けていて。そういう子でも自分の思いをちゃんとした形で発言できる状況っていうのはすごいなと思いました。

赤荻：あの発表をした瞬間に彼は過去の自分を受け入れたということもきっとありますね。いつも悩んでいたとは思わないけれども、言うことによって一つ何かを乗り越えたのでしょうね。

福田：私にとってもそういう意味で印象に残っている子がいます。Gという子です。自分のいじめの体験を赤裸々に語ったんです。みんなが面白半分に受け取らないで、真剣に考えてくれる場だと思っていたから話せたのかもしれない。それから、今回、新井さんのインタビュー（12ページ参照）に立ち会って、少々のことじゃめげない子どもたちが育っているなと思いました。あの子たちは周囲と協調しながらも自分なりの価値観をもって考えながら生きていくところに重きを置いているのが素敵です。

齋藤：前に校長先生が、「中学生と

いう時期は『真面目でいいんだ』ということを学ぶ時期なんだ」と言われていました。人は楽なほうに流れるし、軽薄になったりもするのですが、中学時代はとにかく「真面目であれ」ということを伝えたいんだと。実際に生徒総会などでも、発言をする生徒は真剣に練習してくる。放っておいたら易きへ流れてしまう中学生に対して、公の場を設けてきちんと発言させる。「真面目に取り組むことの大切さ」を普段から教えている学校だったような気がします。

福田：読後交流会のときに、「緊張感がある」と言われた講師の先生もいました。

齋藤：ハイレベルなことをやり遂げる快感を生徒たちは知っていて、リハーサルもすごく真剣にやるんです。生徒がこの取組みに誇りをもっているなと感じたのが、「生徒会サミット」という杉並区の23校の生徒会が集まる会があるんですが、そこでも一生懸命「ほんものの私」について語っていたことです。「うちの学校にはこういう言葉があって、意見発表会とか自由に意見を交換できるんです」と、熱く語っていたのが印象的でした。

赤荻：子どもたちが発言すると私たちもみんな感動して達成感をもつのですね。子どもたちの討論を教員たちも楽しむ。何が出てくるか、そこでこんなふうに展開したんだっていうのを楽しんでいたという感じかな。だから子どもも自分の言葉を言わなかったら恥ずかしいっていう気持ちになってくるのだと思うんですよね。

取り組む上でのポイント

―「哲学・対話するキャリア教育」において、先生方が不可欠だと思うものは？

齋藤：私は、子どもたちに「言葉」がないと作文も対話もできないと思います。その「言葉」を耕したのは国語科や担任、そして読後交流会などだったと思います。自分の言葉で話す機会が井荻中には本当に多かっ

123

た。朝読書でさえ感想を書かせていました。普段から読書とか書くことを積み上げてきた結果が「正解の見えない問い」について考えるよすがだったのではないかと思います。

福田：子どもたちに劣等感をもたせないこと。この取組みにおいては、学力で子どもたちを測らないことが大事だと思います。話し合いをするときは、読後交流会も全て総合的な学習の時間だったことも一つの理由だと思います。そして、根拠さえはっきりしていれば何を言ってもよいとしていました。だから、学力的な劣等感からは解き放たれ、経験や読んだ文章を根拠に自分の考えを言う習慣も身につきました。子どもたちを学力で見ず、書いたものなどで一人ひとり丁寧に見ていくということです。

赤荻：全員の書いた作文を読むのは時間がかかるのですが、実はそれが一番の近道だったのかもしれません。

坂口：いま、別の学校に勤務していて思うのは、取組みについての教員の理解が大切だということです。例えば生徒が何かを発言したときに、このクラスでは認めてもらえたけれども隣のクラスでは認められない、という状態では生徒は安心して発言できません。取組みの価値を教員みんなが共有していなければ、結局は学校全体の活動にならない。最低限守るラインだけでも共通理解しておく必要があると思います。

学級や学年で取り組むには

――この取組みを学級・学年単位で行う場合は？

坂口：すぐに学級担任でもできることの1つは、よく生徒の話を聞いてあげることです。最初から否定するのではなくて、生徒が何を言おうとしているのか、何を考えているのかを知ろうとする気持ちをもって生徒たちに関わっていくことだと思います。2つ目は、それぞれの思いを発言する場所をつくることです。例えば道徳の時間にワークシートを書く

場合、全員が書けていることをチェックした上で、全員が発言する仕組みをつくる。そのためには、人の意見をしっかり聞ける雰囲気も必要です。全員が発言する時間がとれなかったときはプリントを作って全員の意見を載せるとよいと思います。まずは真剣に考え、発言できる「土壌」をつくってあげることから始めるとよいと思います。

赤荻：担任がやるとしたら、1週間に1回ある学活の5分でもいいから、何か1つのワードについて意見を交わすという方法もありますね。言葉のとらえ方はそれぞれ違うということを示してあげるだけでも、みんな考えていることは違うのだなという実感が湧くと思います。そうすれば言葉にも敏感になってきます。そういうときに、担任は一人ひとりの感想や考えを「わあ、すごい」「こんなこと考えてたの？」って純粋に驚くと、学級の中にも互いを認め合う雰囲気ができます。それから、少し抽象的になりますが、学級目標を共に考えることに価値があるのだと子どもたちに繰り返し伝え続け、必ず到達できるという信念を担任がもつことも、話し合いの土壌づくりには大切。すぐには届かなくても、伝えたいことを伝え続けるという姿勢で臨めば学級だろうと学年だろうと、成果は得られるのではないかと思います。

問いの設定

―それぞれの学校において問いはどのように設定すればよいのでしょうか？

赤荻：本書にも書きましたが、その言葉自体が成長し、包容力の豊かな言葉を使うのがよいと思います。大事なのは、その問いについて対話をし、深めた後にどうなってほしいのか。学校経営や学級経営の目標には何を生徒たちに身につけさせたいのかが書かれていると思います。それに生徒が近づくための問いを設定して、校長や担任の思いを繰り返し繰り返し伝えることが大事です。

あとがき

　毎年３月の卒業前に、卒業生（中学３年生）と面談をします。最も感銘を受けたのは、全ての生徒が、中学校３年間のうちに辛い経験をしていたけれどそれぞれの方法で乗り越えたこと、そして、「その貴重な経験があったからこそ、現在がある」とさわやかに、輝く笑顔で語ったことです。多様な人との対話や自分との対話を繰り返すうちに、自分の経験を価値づけ、自己も他者も自分の生きる環境も肯定しているのが伝わってきました。

　例えば、野球部の生徒が「後輩が試合に出ても、自分はなかなか出られなかった。そして、３年間、部活を続けることができたら、『ほんものの私になれる！』と自分で決めて頑張った。３年間続けることができたときには、一人でガッツポーズをした」と報告してくれたときは、胸が熱くなりました。また「私は、ダメな自分をダメだと切り捨ててばかりきたけど、講師の方々のお話を聞いてから、自分を許すことを心掛けています」と話した生徒と強く握手したりもしました。

　３学年担当の教員が、「生徒たちは、３年生になって自分の進路を考えるようになると、単純に『進路先の高校は…』という視点にとどまらず『自分の生き方は？』『ほんものの自分とは？』と深く考えるようになった」ことや、「在校生への『私の提言』では "ゴールはない、正解はない、失敗してもいい、ずっと問い続けることが大事だ" 等、在校生への励ましの言葉があふれていた。さまざまな生き方を学び、自分自身の生き方や在り方について考え続けた３年間の成長を感じた」などと、話してくれたこともありました。

　生徒作文の中に「パズルのピースがつながっていくように自分がつくられていく」という表現があり、ずっと問い続ける中で、少しずつ経験を積み上げている実感をもてたことを頼もしく思いました。他にも、「『ほんものの私になる』とは、自分との・他人との信頼関係だと思った。信頼し合うことで、皆が皆を育てる。私は、「ほんものの私になる」を考え続けることができた自分自身を誇りに思う」と書いた生徒もいました。生徒が自身の体験と結びつけて自覚的に捉えることができたことで、「ほんものの私になる」が観念の段階を超えて、一人ひとりの生徒の中に根づいたと感じました。

　ほかにも、「僕は、読後交流会で、他の人が言った意見を聞いたとき、僕がその

ときもっていた悩みを違う方向でとらえることができ、解決することができた」
「私は、進学のために画塾に通っていたが、なかなか上手にならず、進路を変える
べきか悩むようになった。ある日、先生から、『モチーフを細かくとらえることが
できているね。それは、毎回休まず来て絵を描き続けたからだよ』と言われとき、
「ほんものの私」に近づいたと実感した」などの体験は、いつも自分と向き合って、
自分の課題を考え続けていたからこそ、結びついたといえます。

　私は、本書にまとめるにあたって、何度となく生徒の作文を読み返しました。
そのたびにいつも新しい発見があり、真摯で力強いパワーをもらうことができま
した。教師である私たちは、生徒の姿から励まされ、自己の日々を肯定する根拠
をもらっているのだと、再確認する日々でした。
　先日遊びに来た卒業生が「自分の確かな考えを作ることが、『自立』することだっ
たのですね」と言いました。そのとき私は、中学校を卒業しても、社会や世界に
自分を開き、よりよい生き方を常に自分自身に問いかけ、生きて働く総合知とし
ての「ほんものの私になる」を希求し続け、可能性の未来を切り拓いていってくれ
ることを確信しました。そして、本書の取組みが、確実に生徒一人ひとりの思
考過程に息づいていることを信じます。

　生徒の皆さん、教職員、地域・保護者の方がた、そしてご講演いただいた多く
の講師の皆さまと共に語り合った、力強く心地よい緊張感に満ちた会場の空気を、
いまも実感として思い出します。多くの方がたと共に5年間にわたって、「ほんも
のの私になる」を真剣に、愚直に求め続けた日々が、現在の私を支えてくれてい
ます。改めて、感謝の意を表します。
　最後に、前回の『白熱！「中学読書プロジェクト」』同様、思いばかりがあふれ
る本実践をわかりやすく整理し、出版までの道のりをご指導いただいた学事出版
の戸田幸子さんに心より感謝申し上げます。

2018年12月　　　　赤荻千恵子

赤荻千恵子　（前杉並区立井荻中学校長）

日本女子大学文学部卒業。中学校国語科教諭として、作文指導と読書指導を中心に、「書く力」と「考える力」を育てる指導法の開発や、読書会を軸に学校と保護者や地域をつなぐ活動に努める。大学院設置基準第14条にて東京学芸大学大学院修了。2011年度より6年間、杉並区立井荻中学校長を務める。思考力や言語能力の向上を目指して、「考えること」「語り合うこと」を軸に、読後交流会や意見文発表会・討論会に全校で取り組む。また「ほんものの私になる」を目指す生徒像として掲げ、生徒一人ひとりが自らの「生き方・在り方」を3年間、継続して求め続ける教育活動を展開した。現在は、杉並区立松渓中学校長。2016年度より、青山学院大学教育人間科学部非常勤講師兼務。

・執筆協力者

福田実枝子・坂口政治・齋藤恭子・勝山しのぶ（実践当時の杉並区立井荻中学校教職員）

中学生が哲学・対話するキャリア教育
—1つの問いについてとことん考える3年間—

2019年1月20日　初版発行

著　者　赤荻千恵子
発行者　安部英行
発行所　**学事出版株式会社**
　　　　〒101-0021 東京都千代田区外神田 2-2-3
　　　　電話 03-3255-5471
　　　　http://www.gakuji.co.jp

Chieko Akaogi, 2019　Printed in Japan
編集担当　戸田幸子　　編集協力　西田ひろみ／工藤陽子
装丁　内炭篤詞　　撮影　百瀬翔一朗　　イラスト　イクタケマコト
本文デザイン・DTP　（有）トゥエンティフォー
印刷・製本　精文堂印刷株式会社

ISBN978-4-7619-2533-8　C3037